불교문화

Buddhist Civilization

조계종
출판사

불교문화

BUDDHIST CULTURE

조계종
출판사

발간사

현대사회는 문화의 시대라 할 만큼 문화의 비중이 높아가고 있습니다. 그리고 생활 수준의 향상과 본격적인 주 5일제 시행으로 많은 사람들이 삶의 질적 향상을 추구하며 자연과 사찰로 향하거나, 때론 마음을 다스리는 각종 프로그램에 참여하기도 합니다.

우리 산하 어디를 가든지 명산에는 대찰(大刹)이 있듯이, 오랜 세월 동안 불교문화는 우리와 함께하여 왔습니다. 또한 점점 새로워지는 사회·문화적 흐름 속에서 불교는 시대의 흐름과 변화에 발맞추어 중요한 문화적 영역으로 자리매김 되고 있습니다. 각종 수행프로그램과 템플스테이, 그리고 차 문화의 확산이 그 대표적인 예입니다.

그럼에도 불구하고 일반인이나 불자들이 불교문화를 구체적으로 알려고 하면 사용하는 용어의 전문성과 특성으로 인해 쉽게 접근하기 어려웠습니다. 다시 말해 불교문화를 생활에서 느끼면서도 좀 더 알아보려 하면 어렵게만 느껴지던 것이 사실입니다.

이 책은 바로 이런 고민을 해결하기 위해 만들어졌습니다. 어렵게만 느껴지는 불교문화에 대한 이해를 조금이나마 돕고자 기획하였으며, 아울러 조계종 신도교재로도 사용할 것입니다. 그러나 불교문화를 쉽게 안내하려는 의도가 정작 책으로 이어지게 하는 일은 쉽지 않았습니다. 이 책은 지난 4년간 많은 불교문화 전문가들이 노력한 결과로 나오게 되었습니다.

내용은 크게 유형적 문화로서의 불교미술, 불교문학, 그리고 무형적 문화로서 불교음악과 의례의식, 수행생활 등으로 이루어져 있습니다. 불교문화에 대한 이야기는 이루 말로 표현하기 어려운 다양한 유형, 무형으로 존재하지만, 이 책에서는 중요하다고 생각되는 것만 가려 뽑아 소개하고 있습니다.

특히 이 책에서는 사찰에서 일상적으로 하는 스님들의 수행생활도 소개하였습니다. 불교가 깨침을 통해 지혜와 자비를 구족하는 영원한 행복을 추구하는 바, 그 깨침을 향한 수행문화는 불교문화의 핵심이라 해도 과언이 아닐 것입니다. 이에 사찰에서 스님들의 일상수행을 문화적으로 접근해 보는 내용도 소개하였습니다.

이 책을 통해서 우리 사회의 보다 많은 사람들이 불교문화의 본래면목을 접하고 그 속에서 선조들의 지혜와 열정, 그리고 신심을 배울 수 있었으면 더 없이 좋겠습니다.

끝으로 이 교재가 나오기까지 애써주신 필자님들과 편집자님들의 노고에 감사드립니다.

불기2549(2005)년 1월
대한불교조계종 포교원

차례

제1부 _ 불교미술 Buddhist arts

불교미술이란 무엇인가 _ 17

불상의 탄생 _ 20

불교건축의 기원 _ 23

불교회화의 성립 _ 24

불교공예의 기원 _ 25

제1장 • 불교조각 Buddhist Sculpture

여래상 _ 30
  석가여래상 _ 31
  아미타여래상 _ 36
  약사여래상 _ 37
  비로자나여래상 _ 38
  미륵여래상 _ 40

보살상 _ 42
  관음보살상 _ 42
  지장보살상 _ 45
  문수보살상 _ 46
  보현보살상 _ 46
  미륵보살상 _ 47

일광 · 월광보살 _ 48

나한상 및 조사상 _ 50
나한상 _ 50

조사상 _ 51

천부신장상 _ 52
제석천과 범천 _ 52

인왕상 _ 54

사천왕상 _ 55

팔부중상 _ 58

제2장 • **불교건축** Buddhist Building

가람과 건축 _ 60

우리나라의 가람 _ 62
평지가람 · 산지가람 _ 65

사찰건축 _ 67
기초공사 _ 68

기둥과 지붕 _ 68

공포의 구조 _ 69

대들보, 도리, 서까래 _ 71

기와 _ 71

바닥과 창호 _ 72

불단, 불전, 단청 _ 73
  부속건물 _ 74

 불탑 _ 75
  목탑 _ 77
  석탑 _ 78
  전탑 _ 80
  특수형 석탑 _ 80

 부도 _ 83

 석등 _ 88

 석비 _ 92

제3장 • **불교회화**   Buddhist Pictures

 불화란 무엇인가 _ 96

 불화의 종류 _ 98
  주제로 본 불화의 종류 _ 98
  쓰임새로 본 불화의 종류 _ 101
  형태와 재료로 본 불화의 종류 _ 104

 전각에 장엄된 불화 _ 107
  여래 계열 _ 108
  보살 계열 _ 120
  나한 계열 _ 124

신중 계열 _ 125
명부중 계열 _ 128
진영 _ 132

경전에 그려진 불화 _ 133
사경화 _ 133
판경화 _ 134

제4장 • **불교공예** Buddhist Industrialarts

불교공예의 의미 _ 138

불교공예의 종류 _ 139
의식법구 _ 139
공양구 _ 151
장엄구 _ 156
사리장엄 _ 162

제2부 _ **불교음악** Buddhist music

불교음악이란 무엇인가 _ 167

삼국시대의 불교음악 _ 169

고려시대의 불교음악 _ 173

조선시대의 불교음악 _ 175

근대 불교음악 _ 180
  권상로 스님의 찬불가집 _ 180
  조학유 스님의 찬불가집 _ 182
  백용성 스님과 찬불가운동 _ 184

현대 불교음악 _ 186
  범패 _ 186
  해방 이후의 찬불가집 _ 191
  1970년대 이후의 찬불가 _ 193

제3부 _ 불교문학 Buddhist literature

불교문학이란 무엇인가 _ 197

불교시
  게송 _ 200
  선시 _ 201
  불교한시 _ 202
  불교가사 _ 203
  어록 _ 203
  현대 불교시 _ 204

불교서사
  불교설화 _ 205

승전 _ 207
    불교 고소설 _ 207
    현대 불교소설 _ 208

제4부 _ 수행생활 Ascetic Practice Life

의생활
  가사의 유래 _ 215
  가사의 종류 _ 216

식생활
  사찰음식 _ 220
  탁발 _ 222
  발우공양 _ 224

주생활
  사찰의 기능적인 역할 _ 231
  수행 형태로서의 구분 _ 232
  대중생활의 규칙 _ 236

정진과 보림
  수행 정진 _ 241
  보림의 행 _ 250

색인 an index _ 257

1

Buddhist arts

불교미술

    불교미술이란 다양한 불교문화 가운데 시각적, 공간적 표현을 통해 부처님의 생애와 진리, 역대 선지식의 수행과 전도생활을 비롯한 불자들의 신앙, 나아가 불교의 사상과 역사를 표현한 것이라고 할 수 있다. 즉 '신앙 표현으로서의 불교문화'라는 큰 범주 중 한 부분을 차지하고 있다. 불교조각, 불교회화, 불교건축, 불교공예가 바로 불교미술의 분야이다. 우리가 사찰에 갔을 때 눈으로 볼 수 있는 모든 구조물이 불교미술의 범주에 속한다고 해도 무리가 아닐 것이다.

불교미술이란 무엇인가

불교미술이란 다양한 불교문화 가운데 시각적, 공간적 표현을 통해 부처님의 생애와 진리, 역대 선지식의 수행과 전도생활을 비롯한 불자들의 신앙, 나아가 불교의 사상과 역사를 표현한 것이라고 할 수 있다. 즉 '신앙 표현으로서의 불교문화'라는 큰 범주 중 한 부분을 차지하고 있다. 불교조각, 불교건축, 불교회화, 불교공예가 바로 불교미술의 분야이다. 우리가 사찰에 갔을 때 눈으로 볼 수 있는 모든 구조물이 불교미술의 범주에 속한다고 해도 무리가 아닐 것이다.

그러나 사찰의 모든 구조물이 애초부터 그런 형상과 도식으로 정해져 있었다고 생각한다면 큰 오산이다. 우리가 접하는 모든 사찰의 구조나 그 속에 담긴 문화적 표현은 불교의 모든 역사를 거쳐 형성된 역사적·사상적·신앙적 표현의 산물이기 때문이다. 제불보살(諸佛菩薩)의 개념이 대승불교의 성립과 함께 이루어졌기 때문에 아미타여래와 약사여래, 문수·보현·관음·지장보살과 같은 불·보살을 모신 전각이 나타날 수 있는 것이며, 비로자나불과 노사나불을 비롯한 삼신불을 모신 대적광전이 세워질 수 있는 것이다. 인도의 다양한 신들이 불교에 흡수되지 않았다면 사천왕을 모신 천왕문이나 신중단의 신중탱화는 존재할 수가 없으며, 중국과 한국의 전래 역사 속에서 그 나라 고유의 신앙을 받아들이지 않았다면 산신각과 칠성각 같은 전각은 사찰에 건립될 수 없었을 것이다. 불자들에게 지고(至高)의 경배 대상이 되는 불상 역시 대승불교의 성립과 함께 조성되기 시작하였으며, 다양한 불세계를 표현하는 불교회화 역시 이와 같은 불교의 역사적·사상적·신앙적 흐름을 담고 있는 것이다. 따라서 우리 앞에 펼쳐지는 수많은 불교미술을 이해하는 데 있어서 불교의 역사와 사상, 신앙의 흐름을 알지 못한다면 올바르게 이해할 수 없을 것이다.

불교는 깨달음의 종교이다. 번뇌를 억제하고 마음을 가다듬어 선정과 수행에 전념해야 할 수행자에게는 특별한 숭배의 대상도, 가무음곡을 하는 것조차도 허락되지 않았다. 즉 의례와 예경, 음악적·미술적 표현과 같은 것은 수행과는 거리가 먼 것으로 수행자에게는 금기시되던 것들이다.

이것은 부처님께서 입멸 후 그 장례를 재가자에게 맡긴 것과도 맥락을 같이 한다.『대반열반경』에 따르면 부처님께서는 입멸 직전 출가 수행자들이 자신의 장례를 지내는 것을 금하고, "너희들은 최고선(最高善)을 위해 노력하라"고 말씀하시면서 장례를 재가자들에게 맡길 것을 부탁하였다. 이것은 출가 수행자들이 비록 스승인 부처님의 장례라 할지라도 수행과 거리가 먼 일에 매달리는 것을 경계한 것이라고 할 수 있다.

예법에 따라 화장으로 장례가 치러진 후 부처님의 사리는 여덟 등분되어 여덟 기의 탑(스투파)이 세워지게 되었다. 그리고 그 불탑에 대한 숭배와 부처님의 4대 성지에 대한 순례가 재가자들에게 퍼져 나갔다. 그럼에도 불구하고 초기경전에는 불탑숭배는 재가자가 행할 수 있는 것으로 출가자들은 관여치 말 것을 설하고 있다.

이와 같은 경전의 기술을 따른다면 기원정사를 비롯한 여러 사원의 건축과 부처님의 사리를 봉안한 불탑들이 불교미술의 시초라고 할 수 있을 것이다. 불자들이 신앙의 대상으로 우러러 마지않는 불상이나 본격적인 불화의 성립은 아주 오랜 시간이 흐른 뒤의 일이다. 물론 『증일아함경』에 우전왕 불상조성설이 기록되어 있기는 하지만 사실 여부에 대한 논란이 있다. 실제로 불상이 본격적으로 조성되기 시작하는 것은 부처님의 입멸 후 500여 년이 지난 1세기 말경으로 간다라와 마투라 지역에서이다.

불상의 탄생

부처님 입멸 후 오랜 기간 불상이 조성되지 않았던 이유는 교학적 근거와 신앙적 측면의 두 가지로 파악할 수 있다. 교학적 근거를 따진다면 부처님은 입멸을 통해 육신을 버리고 아무런 형태도 남기지 않은 완전한 무여의열반(無餘依涅槃)에 든 존재이다. 따라서 부처님은 눈으로 볼 수 없는 존재로서 형태로 파악될 수 없기 때문에 부처님을 인간의 모습으로 표현하는 것은 논리적으로 불가능한 일이었다.

신앙적 측면에서 부처님은 너무나 위대한 인물이었으므로 그 형상을 보통 사람과 동일하게 나타내는 것이 스승에 대한 일종의 모독이라고 생각되었기 때문일 것이다. 깨달음을 얻어 무한한 덕을 간직한 성스러운 성자인 부처님을 감히 유형의 상에 한정시킨다는 것은 용납될 수 없는 행위라는 종교적 감성이 불상의 조성을 금기시하게 되었다고 볼 수 있다.

이와 같은 이유로 인해 금기시되던 불상의 조성은 대승불교의 성립과 불신관(佛身觀)의 변화, 불자들의 간절한 신앙적 염원이 어우러져 1세기 말경부터 그 모습을 드러내기 시작하였다. 그러면 대승불교의 성립과 불상의 조성은 어떤 연관이 있는 것일까?

앞서 서술했다시피 부처님은 자신의 장례를 재가자들에게 맡겼다. 이후 많은 불탑이 건립되고 불탑에는 순례자들이 모여들었다. 아울러 불탑에 시주물을 보시하는 불탑공양이 성행하였는데 이 시주물은 출가자들이 관리할 수 없었다. 따라서 불탑에는 이와 같은 불물(佛物)을 관리하는 비승비속의 전문가들이 생겨나 순례자들을 위해 부처님의 전생에서의 보살행을 찬탄하고 부처님의 위대성과 대자대비를 끊임없이 강조하는 일을 하게 되었다.

그리고 이들에 의해 보살의 자각이 싹트게 되었다. 보살은 성불하기 이전의 부처님의 전생을 일컫는 말이었다. 본생담에서는 부처님이 수많은 이타행, 즉 보살행의 수행을 통해 금생에 부처님으로 이 땅에 오신 점을 강조하고 있다. 부처님의 본생담을 끊임없이 강조하던 이들은 드디어 '지금도 내생에 부처가 될 수행자가 끊임없는 보살행을 행하고 있다'는 자각과 동시에 '누구라도 보살행을 실천한다면 부처가 될 수 있다'는 자각을 얻게 되는 것이다.

이러한 자각은 대승사상의 원천인 이타행의 실천과 보살사상의 확대, 나아가 일체 중생에게 모두 불성이 있다는 가르침으로 전환되었다. 이에 따라 석가모니 부처님의 전생으로서의 보살과 미래불로서의 보살인 미륵보살 이외에 수많은 보살이 성립하게 되며 동시에 수많은 부처님의 존재가 가능하게 되는 것이다. 이것이 대승불교에서 말하는 제불보살 개념의 원천이다.

또한 불탑 예배는 관불삼매(觀佛三昧)로 인도하는 특징이 있다. 불탑을 오른쪽으로 돌며 부처님을 경배하는 것은 이미 부처님 당시에 오른쪽으로 세 번 돌아 예배하는 우요삼잡(右繞三帀)의 예로서 존재하였던 것이 불탑 예배에도 이어졌다. 순례자들은 오체투지의 예로 불탑의 요도를 오른쪽으로 돌며 부처님을 찬탄하였다. 불탑 앞에서 일념으로 부처님을 생각하면서 오체투지의 예배를 수없이 반복하다 보면 마음이 삼매에 들고, 그 삼매 속에서 부처님이 나타나는 체험을 하게 되는데 이것이 관불삼매이다. 이러한 종교적 체험은 스스로 보살이라는 자각을 불러일으키는 계기가 되었으며, 반주삼매·해인삼매·수능엄삼매와 같은 대승의 다양한 삼매로 발전하였다.

 불상이 존재하지 않았던 시기에 관불삼매의 체험이 불상 조성의 원인이 되었으니 결국 불상은 불자의 간절한 염원과 흠모의 마음이 빚어낸 신앙심의 정화라고 할 수 있을 것이다.

불교건축의 기원

승가람의 효시인 죽림정사를 비롯한 여러 사원은 이른바 출가자의 수행처인 승원(僧院)이었다. 그리고 불상의 출현 이전에는 불탑을 제외하면 불상을 모시는 건축물은 존재하지 않았다. 그런데 시간이 흐르면서 출가자들도 불탑신앙에 몰입하고 불탑 근처에 승원이 건립되면서 불탑을 모신 가람이 건립되기 시작하였다.

또한 불전도와 전생도의 일부로 표현되던 불상이 단독으로 조성되기 시작하면서 불상을 봉안하는 불당(佛堂)이 필요하게 되었다. 이렇게 불탑이나 불상을 모시는 예배당이 등장하고 이곳에 벽화를 그리거나 건물 내외에 수많은 장식으로 장엄하게 되면서 이른바 본격적인 불교건축이 시작되었다.

오늘날 한국의 사찰 건축이 의미하는 불교적 세계관은 물론 신앙공간과 수행공간이 한데 어우러진 복합공간으로서의 불교건축의 완성은 수천 년의 불교사적 소산이라고 할 수 있다.

불교회화의 성립

불탑과 불상을 모시는 예배 공간을 장엄하는 벽화의 등장은 불교회화의 본격적 전개를 의미한다. 불교회화는 불전도와 전생도를 조각으로 표현하던 시기가 지나면서 조각으로 세밀하게 묘사하기 힘든 여러 가지 불교설화나 부처님 당시의 상황은 물론 여러 가지 경전의 내용을 마음대로 표현할 수 있게 만들었다. 특히 대승불교의 시작과 함께 여러 불보살을 그린 다양한 불화와 보살도, 대승경전이 말해주는 웅대한 세계관을 표현하고 대승경전이 담고 있는 내용을 변상(變相)으로 마음대로 그릴 수 있는 불교회화는 불교미술의 중요한 분야로 자리잡게 되었다. 그리고 중국 선종의 영향으로 수묵화와 같은 불교회화의 새로운 경지가 열리게 된 것이다.

따라서 오늘날 우리가 사찰에서 볼 수 있는 여러 가지 불화와 보살도, 후불탱화(後佛幀畵)와 괘불은 물론 나한도(羅漢圖)와 조사도(祖師圖), 신중도(神衆圖), 벽화와 같은 모든 불교회화는 초기불교와 대승불교, 중국과 한국불교의 역사를 모두 담고 있는 것이라고 할 수 있다.

불교공예의 기원

불교미술의 중요한 분야 중 하나인 불교공예 역시 불교역사의 산물이다. 이른바 삼의일발(三衣一鉢)의 수행생활을 엄격히 지킨 부처님 당시에는 별도의 불교공예품이 존재하지 않았을 것이다. 물론 경전에 일산과 산개 등으로 부처님을 모시고 갖가지 물건으로 공양을 했다는 내용이 전하고 있다. 하지만 불교공예품이 본격적으로 등장하는 것은 불탑신앙의 시기이며, 현재와 같은 불교공예품은 밀교와 중국으로의 전래과정을 거치면서 완성되었다고 볼 수 있다.

불탑 공양에는 꽃, 향(香), 당(幢), 번(幡), 음악, 무용 등이 사용되었다. 그리고 의식(儀式)을 극히 중시하고 의식을 통하여 불교의 종교적 목적을 달성하고자 하는 밀교에 이르러 금강저와 금강령과 같은 다양한 의식법구와 장엄구, 공양구들이 발달하게 되었다. 그리고 다시 중국과 한국을 거치면서 범종, 법고, 목어, 운판과 같은 사물(四物)이 완성되면서 오늘과 같은 불교공예품이 갖추어지게 된 것이다.

이상을 종합해 볼 때 불교미술은 불교의 역사와 사상, 교리는 물론 그 역사 속의 주인들인 모든 불자들의 신앙 결정체로서 성립되었다는 것을 알 수 있다. 불교미술은 불교의 진리와 신앙을 미술이라는 예술적 표현으로 나타낸 것이다. 이는 불교미술뿐만 아니라 불교예술과 문화 전반에 걸친 것임은 두말 할 나위 없다. 불교미술을 이해함에 있어 이와 같은 개괄적 인식이 선행되어야 함은 불교미술을 올바로 이해하는 데 필수불가결한 사항이라고 할 수 있을 것이다.

제1장 불교조각

Buddhist Sculpture

불교조각

불교조각은 예배의 대상이 되는 불상을 포함하여 보살, 나한, 명왕, 천부 등의 모든 상을 말한다. 불교조각은 인도에서 석가모니불을 조형적으로 형상화한 부처상에서 출발하였다. 그러나 근본불교에서 대승불교시대로 접어들면서 이타행의 실천이 강조되고 이를 구체적으로 뒷받침하는 많은 불보살들이 출현했다. 자연 불교조각도 아미타불, 미륵불, 약사불, 비로자나불 등을 비롯하여 관음보살, 지장보살 등 많은 보살상 제작으로 이어졌다. 그 후 각 나라의 토속신앙과 습합되면서 불교조각은 더욱 풍성해졌고 일반조각에 대비되는 뚜렷한 하나의 문화를 이루게 되었다.

불교조각은 일반적으로 여래상·보살상·신장상·나한 및 조사상 등으로 구분한다. 여래상은 불교의 궁극적인 목표이고 최고의 경지인 깨달은 이를 상징하는 것이고, 보살상은 깨달음은 얻었지만 아직 중생 제도를 위해 부처님 되기를 잠시 보류한 이를 말한다. 그렇기 때문에 여래상과 보살상은 시각적으로 다른 모습으로 나타나고 있다.

여래상(그림 1)은 32상 80종호라는 규범에 의해 조성되었고 전륜성왕이 모델이 되었기 때문에 남성적인 외모를 하고 있다. 이에 반해 보살상은 여인의 모습에 가깝다. 보살상은 머리에는 화려한 보관(寶冠)을, 몸에는 장신구와 하늘거리는 천의(天衣)를 걸치고 있다. 나한상은 깊은 산 속에서 수행에 전념하는 나이 많은 수행자, 즉 노스님을 연상하면 좋겠다. 우리에게 익숙한 신선의 모습이 바로 나한의 모습이 아닐까 생각된다. 신장상은 주로 무장한 모습을 하고 있는데 사천왕상을 떠올리면 쉽게 이해할 수 있다.

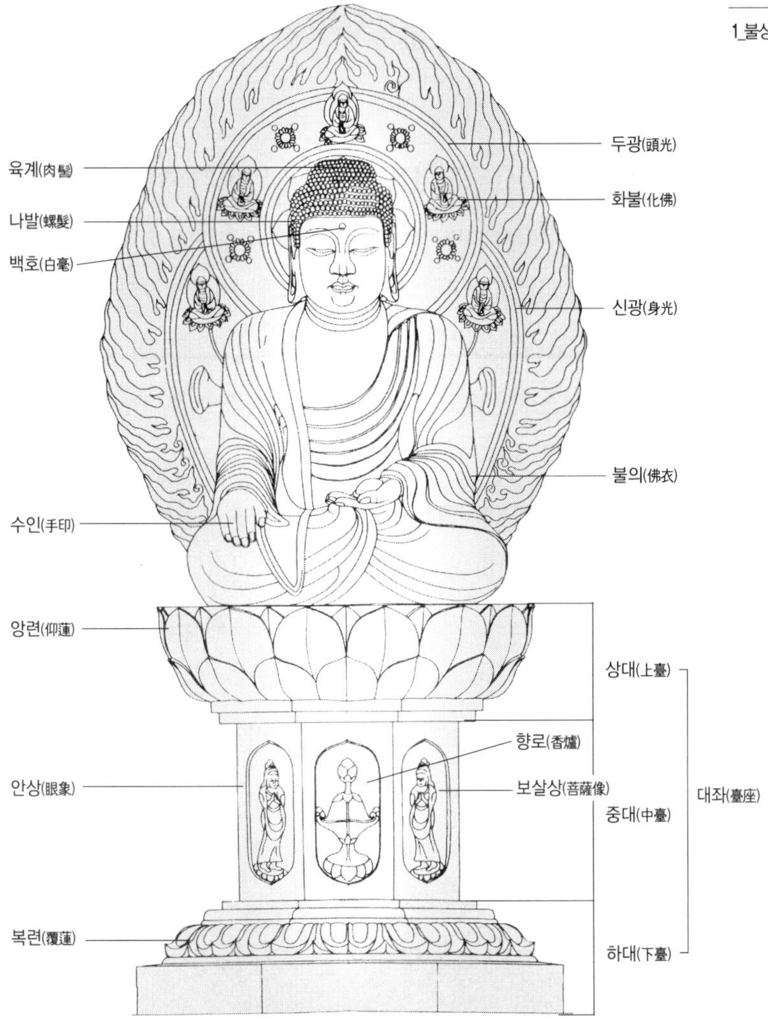

1_불상 세부 명칭

- 육계(肉髻)
- 나발(螺髮)
- 백호(白毫)
- 수인(手印)
- 앙련(仰蓮)
- 안상(眼象)
- 복련(覆蓮)

- 두광(頭光)
- 화불(化佛)
- 신광(身光)
- 불의(佛衣)
- 향로(香爐)
- 보살상(菩薩像)
- 상대(上臺)
- 중대(中臺) ┐ 대좌(臺座)
- 하대(下臺) ┘

제1장_불교조각 • 29

여래상

 부처님은 역사적으로 인도의 북쪽 카필라국의 태자로 태어나 출가하여 35세에 깨달음을 얻은 석가모니 부처님을 말한다. 그러나 불교가 발전하여 대승불교시대가 되면 수많은 부처님이 등장하게 되고 따라서 다양한 여래상이 조성된다. 이들 무수한 여래상들의 명칭은 다양하지만 모습에 있어서는 수인이나 세부의 약간을 제외하고는 거의 같다. 우리나라에서는 수많은 부처님 가운데 석가여래 · 아미타여래 · 약사여래 · 비로자나여래 · 미륵여래 등이 많이 조성되었다.

 여래상은 수인(手印)과 협시보살에 의해 구분된다. 부처님의 수인은 부처님의 덕을 나타내기 위하여 손으로 여러 모양을 만들어 표현한 것이다. 교리적으로 중요한 의미가 있으므로 불상을 만들 때 함부로 형태를 바꾸거나 다른 부처님의 손모양을 취해서는 안 된다. 따라서 수인은 여래상을 구분하는 가장 중요한 방법 가운데 하나이다. 약사여래와 미륵불은 손에 지물(持物)을 가지고 있어 다른 여래상들과 구분된다. 보살상은 불상과 달리 대부분 손에 경전 · 연꽃 · 정병 · 염주 · 지팡이 · 금강령 등 다양한 물건을 갖는다.

 불상처럼 지물없이 손모양만 달리하는 것을 수인(手印)이라 하고, 보살상처럼 지물을 갖는 것을 계인(契印)이라 한다. 이 둘을 합하여 인계(印契)라 하고, 산스크리트어로는 '무드라(mudrā)'라 한다.

석가여래상

부처님은 2,600여 년 전에 중인도의 카필라국에 태어났으며 역사적으로 실재했던 분이다. 출가하여 6년간의 고행 끝에 보리수 아래에서 모든 번뇌를 단숨에 끊어버리고 위대한 승리자가 된 것이다. 그래서 큰 영웅, 즉 대웅(大雄)이라 하였으며, 부처님을 모신 전각을 대웅전(大雄殿)이라 부르게 되었다.

석가여래의 좌우 협시보살(脇侍菩薩)은 반야의 지혜를 상징하는 문수보살과 중생을 위해 서원을 세우고 수행하는 행원(行願)을 상징하는 보현보살이 대표적이다. 석가여래의 좌우에 약사여래와 아미타여래, 또는 아미타여래와 미륵불을 봉안하기도 하는데 이런 경우에는 대부분 '대웅보전(大雄寶殿)'이라 부른다.

부처님의 일생은 여덟 가지 사건이 큰 비중을 차지하고 있다. 마야부인의 태몽, 탄생, 명상, 출가, 설산수도, 성도, 최초의 설법, 열반 등이 그것으로 불교미술의 주요 소재로 사용되었다. 석가여래가 짓는 수인은 천지인(天地印), 선정인(禪定印), 항마촉지인(降魔觸地印), 설법인(說法印, 轉法輪印), 시무외여원인(施無畏與願印) 등이 있다.

천지인(天地印, 사진 2)은 부처님의 탄생과 관련된 수인이다. 부처님은 태어나자마자 일곱 걸음을 걸으시고 '하늘 위, 하늘 아래 오직 나 홀로 존귀하도다. 모든 세상이 고통 속에 잠겨 있으니 내 마땅히 이를 편안케 하리라 (天上天下唯我獨尊 一切皆苦我當安之)'라고 외쳤다. 이때의 아기 부처님은 한 손은 하늘을 가리키고 한 손은 땅을 향하고 있다. 부처님오신날 아기 부처님 목욕시키는 의

2_탄생불
삼국시대, 보물 808호,
호림박물관

3_선정인, 2~3세기, 사흐리바흐롤 마운드C 출토, 페샤와르박물관

5_불전도 중 항마 장면, 1~2세기, 스와트 출토, 페샤와르박물관

식(灌浴式, 灌頂式)에서 볼 수 있는 부처님 모습이다.

선정인(禪定印, 사진 3)은 결가부좌 상태로 참선, 즉 선정에 들 때의 수인이다. 왼손 손바닥을 위로 해서 배꼽 앞에 놓고, 오른손도 손바닥을 위로 해서 그 위에 겹쳐 놓으면서 두 엄지손가락을 맞대어 놓은 형식이다. 부처님은 출가 후 여러 스승을 찾아다니며 가르침을 구하였는데 그 가운데는 오랜 기간에 걸친 고행도 포함되어 있었다. 파키스탄의 라호르박물관 고행상(사진 4)은 선정인을 짓고 있는 대표적인 여래상이다.

항마촉지인(降魔觸地印, 사진 5)은 부처님이 마왕 파순의 항복을 받기 위해 자신의 수행을 지신(地神)에게 증명해 보라고 말하면서 지은 수인이다. 선정인 상태에서 왼손은 그대로 두고 위에 얹은 오른손을 풀어 손바닥을 무릎에 대고 손가락으로 땅을 가리키고 있는 모습으로, 부처님의 깨달음의 순간을 표현한 것이다. 우리나라의 불상에서는 항마촉지인을 한 석가여래상이 가장 많으며, 석굴암 부처님의 손모양(사진 6)이 대표적이다. 보통 불교미술에서는 이 항마의 장면이 부처님의 깨달음을 상징하는 것으로 사용되었다.

4_고행상, 2~3세기, 시크리 출토, 라호르박물관

제1장_불교조각 • 33

6_석굴암 불상,
통일신라, 국보 24호,
경북 경주

7_불전도 중 초전법륜 장면,
2세기, 달마라지카 출토,
탁실라박물관

설법인(說法印, 轉法輪印)은 부처님이 깨달음을 얻은 후 다섯 비구에게 첫 설법을 하며 지은 수인이다. 부처님은 자신이 깨달은 경지가 너무 심오하여 다른 사람들에게 이야기하기를 주저하였지만 범천의 간청으로 법을 설할 결심을 하였다. 그래서 이전에 함께 고행하던 다섯 수행자들을 찾아 나섰다. 녹야원에 도착한 부처님은 다섯 수행자를 위해 처음으로 법을 설했는데 이것을 일컬어 '초전법륜(初轉法輪)'이라고 한다. 진리의 수레바퀴를 처음으로 돌렸다는 의미이다(사진 7).

초전법륜지인 녹야원에 있는 사르나트고고박물관 소장의 초전법륜상이 유명하다(사진 8). 우리나라에는 그 예가 많지 않으며, 경주 안압지에서 출토된 불상이 대표적이다.

시무외여원인(施無畏與願印)은 시무외인과 여원인이 합쳐진 것으로, 중생의 두려움을 없애주고 모든 소원을 들어주는 것을 표현한 수인이다. 시무외인은 다섯 손가락이 가지런히 위로 뻗치고 손바닥을 밖으로 하여 어깨 높이까지 올린 형태이다. 여원인은 손바닥을 밖으로 하고 손

8_ 전법륜인상, 5세기,
  사르나트 출토,
  사르나트고고박물관(좌)

10_ 서산마애불상,
  백제(7세기), 국보 84호,
  충남 서산(우)

가락은 펴서 밑으로 향하며, 손 전체를 아래로 늘어뜨린 모습이다. 이 두 수인은 처음에는 각각 표현되었으나 어느 때부터인가 시무외여원인 (그림 9)으로 함께 표현되었다.

우리나라의 시무외여원인 불상은 주로 삼국시대의 불상에 나타나며 (사진 10) 석가여래상뿐만 아니라 다른 여래상에도 표현된다. 어느 부처 님이나 두루 취하는 손모양이기 때문에 통인(通印)이라고도 한다.

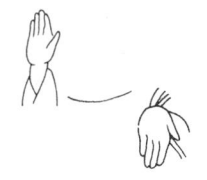

9_ 시무외여원인

아미타여래상

아미타여래는 서방정토 극락세계의 교주로서 죽음의 고통에서 중생을 구제하고자 오시는 분이다. 산스크리트어로 '아미타바 붓다(Amitābha Buddha)' 혹은 '아미타유스 붓다(Amitāyus Buddha)'로도 불린다. 아미타바는 한량없는 빛을, 아미타유스는 한량없는 수명을 의미한다. 그래서 전자를 무량광불(無量光佛), 후자를 무량수불(無量壽佛)이라 한다.

아미타여래가 봉안된 전각을 무량수전, 극락전, 미타전이라 한다. 좌우 협시보살은 관음보살과 대세지보살이 가장 보편적이나 고려시대부터는 관음보살과 지장보살이 배치되기도 한다.

아미타여래의 수인은 아미타정인과 아미타여래구품인이 대표적이다. 부처님의 가장 큰 바람은 모든 중생을 자비로써 구제하는 것인데, 중생들이란 그 근기가 각기 다르기 때문에 그들에게 알맞은 설법이 필요하였다. 아미타여래구품인(그림 11)은 중생의 근기에 따라 품(根機)과 생(往生)을 상배·중배·하배로 나누고 다시 각각 상중하 3품으로 구분하는 구품왕생(九品往生)으로 이루어져 있다.

아미타여래구품인 가운데 우리나라에는 주로 중품하생인을 한 불상이 많다. 충남 서산의 문수사 아미타여래좌상(사진 12)은 그 한 예로, 오른손은 들고 왼손은 무릎에 얹어 엄지와 가운데 손가락을 맞대고 있다. 중생의 근기에 맞게 설법하는 아미타여래의 모습이다.

12_문수사 아미타여래좌상, 고려(1346년), 충남 서산

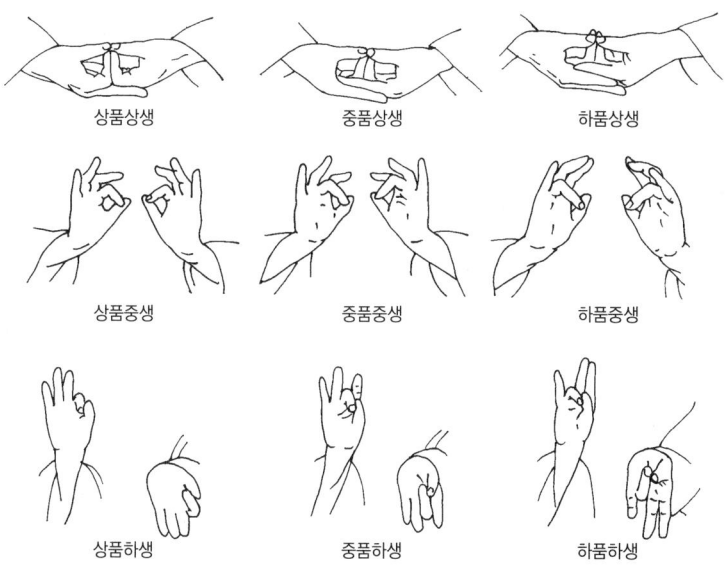

11_아미타여래구품인

약사여래상

약사신앙은 약사유리광여래 또는 대의왕불(大醫王佛)이라고 하는 약사여래가 보살이었을 때 서원한 12대원을 근간으로 한 것으로, 중생들의 병고 내지는 질병의 치료뿐만 아니라 그들이 가지는 현세적 소망을 성취하고 마침내는 해탈하고자 하는 기대 속에서 이루어진 신앙체계이다. 약사여래를 모신 전각은 약사전 또는 유리보전이라 하며, 좌우 협시는 일광보살과 월광보살이다. 이와 함께 약사 12대원을 상징하는 약사 12신장을 거느리고 있다.

제1장_불교조각 • 37

13_장곡사 약사여래좌상, 고려(1346년), 보물 377호, 충남 청양

약사여래상의 가장 큰 특징은 손에 물건을 들고 있는 것으로 그 형태는 보주와 약그릇(藥器)으로 구분된다(사진 13). 우리나라 약사여래상의 특징은 오른손은 항마촉지인을 하고 왼손에는 약그릇을 올려놓은 것에서 잘 드러난다. 이러한 독특한 수인은 『약사여래본원공덕경』의 내용처럼 약사여래의 이름만 들어도 모든 병환이 치유되고 번뇌가 고갈되는 까닭에 한 손은 마군이나 병마를 격파하고, 한 손에는 약을 가지고 병을 치유하는 것을 나타낸 것이다. 즉 석가여래가 깨달았을 때 마군을 항복받는 것이나 약사여래가 병마를 항복받는 것은 동일하다고 생각했기 때문에, 석가여래의 항마촉지인을 약사여래에도 적용한 것으로 생각된다.

비로자나여래상

비로자나 부처님은 진리 그 자체를 상징하여 진신(眞身) 또는 법신(法身)이라 한다. 부처님의 광명이 어디에나 두루 비친다는 의미를 갖고 있어 이 불상이 봉안된 불전을 대광명전(大光明殿) 또는 대적광전(大寂光殿)이라 한다. 좌우 협시로는 문수보살과 보현보살이 봉안되지만, 노사나불과 석가여래가 협시하는 삼신불이 모셔지기도 한다.

우리나라에서는 766년 석남사 비로자나불(사진 14)을 시작으로 9세기 중엽부터 반세기 동안 많이 조성되었다. 불국사(사진 15), 보림사,

14_석남사 비로자나불좌상,
통일신라(766년),
경남 산청(좌)

15_불국사 비로자나불좌상,
통일신라(9세기 후반),
국보 26호, 경북 경주(우)

동화사, 도피안사 등의 비로자나불이 유명하다.

비로자나불은 지권인(智拳印)을 짓고 있다. 통일신라시대에는 주먹을 가슴에서 아래, 위로 포개고 밑의 왼손 검지를 오른손 주먹이 감싼 모양이다. 이것은 이(理)와 지(智), 중생과 부처님, 미혹함과 깨달음이 본래 하나라는 것을 상징하는데, 손모양을 통해 이러한 진리를 깨우치게 하려는 것이다. 이런 모양의 지권인은 고려시대 후기부터는 주먹 쥔 왼손을 오른손으로 감싼 권인(拳印)으로 바뀌게 된다(사진 16).

16_중대 사자암
비로자나불좌상,
조선, 강원도 평창

제1장_불교조각 • 39

17_미륵리 석불입상,
고려(10세기), 보물 96호,
충북 중원

미륵여래상

미륵불은 메시아로서 널리 알려진 미래불로 부처님께서 열반하신 지 56억 7천만년 후에 나타나 용화수 아래에서 설법하여 고통받는 중생들을 제도한다고 한다. 그래서 미륵불은 미래불로 신앙되는 동시에 미륵보살로서 신앙되어 왔다. 미륵불(미륵보살)의 세상은 그 어떤 고통도 없는 낙원이며, 인간의 수명은 8만 8천이며, 생각만 해도 모든 것이 저절로 이루어지는 곳이라고 한다.

미륵불을 모신 전각은 미륵전(彌勒殿), 용화전(龍華殿), 자씨전(慈氏殿)이라고 하며, 금산사와 법주사는 미륵도량으로 유명하다.

각 시대마다 미륵신앙에 근거한 미륵보살과 미륵불을 만들어 정성껏 봉안해 왔다. 삼국시대에는 『미륵상생경』에 기초하여 로댕의 '생각하는 사람'에 비유되는, 사색에 잠긴 모습의 미륵보살상을 만들었다. 국보 78호과 83호 금동미륵반가사유상은 도솔천에서 끊임없이 수행에 전념하고 있는 보살의 모습을 하고 있다.

『미륵상생경』에는 '모든 하늘과 사람들이 보배의 묘한 탑을 일으켜 사리를 공양 하고, '보배로써 천관(天冠)을 장엄'한다는 이야기가 있다. 이 경전의 내용을 반영하듯 미륵불은 머리에는 갓(冠)을 쓰고 손에는 용화수 꽃봉오리나 꽃가지를 들고 있다. 용화수 아래에서 중생들을 구제하는 법회 장면을 상징하여 손에 용화수 꽃을 들고 있는 것이다. 법회 장소가 용화수 아래이기 때문에 야외에 봉안되는 경우가 많고 불상의 크기도 웅대하다(사진 17).

보살상

보살상은 대승불교의 특징을 상징하는 보디사트바(Bodhisattva)를 도상화한 것이다. 보살은 위로는 진리를 구하고 아래로는 중생을 구제하는(上求菩提 下化衆生) 역할을 강조하고 있으며, 대승불교에서는 수많은 보살상이 등장하고 있다.

보살상은 대부분 머리에 화려한 보관(寶冠)을 쓰고 머리카락(寶髮)을 드리우며 몸은 장신구로 장엄하고 천의를 걸치고 있다. 보살상의 경우에는 대부분 여래상의 좌우 협시상으로 조성된다. 여래상이 주연이라면 보살상은 조연으로서 주연배우의 성격을 드러내주고 곁에서 보좌하는 역할을 하고 있다. 때로는 보살상이 단독으로 등장하기도 하는데 그 대표적인 보살이 바로 관세음보살과 지장보살, 문수보살이다. 보살상은 주로 손에 든 물건에 따라 구분하기도 하고 보관의 형태에 따라 구분하기도 한다.

관음보살상

대승불교의 꽃인 관음보살은 여러 종류가 있다. 『법화경』「보문품」에서는 그 변화의 모습을 33가지로 나열하고 있다. 그 가운데 성관음(聖觀音, 사진 18) · 천수관음(千手觀音) · 십일면관음(十一面觀音) · 불공견삭관음(不空羂索觀音) · 여의륜관음(如意輪觀音) · 마두관음(馬頭觀音) · 준제관음(准提觀音) 등이 유명하다.

관음보살의 산스크리트 명칭은 '아바로키테슈바라(Aralokiteśvara)'로서 '관자재(觀自在)'로 의역된다. 여러 이름 가운데 관자재보살과 관세음보살 두 가지가 가장 널리 불리는데, 중생의 음성을 관하기 때문에 관세음이라고 한다.

관음보살상이 다른 보살상과 구분되는 가장 큰 특징은 보관에 표현된 화불(化佛)과 손에 연꽃가지나 연꽃 봉오리 또는 정병을 들고 있는 점이다. 정병은 물 중에서도 가장 깨끗한 물(淨水)을 넣는 병이라는 뜻이다. 깨끗한 물은 감로수(甘露水)라는 말과도 통한다. 감로수는 중생들의 고통이나 목마름을 없애준다. 그래서 관음보살의 정병은 감로병이라고 한다. 관음보살 외에도 미륵보살이나 제석천 등도 이러한 병을 들고 있다.

18_관음보살입상, 7세기, 삼양동 출토, 국보 127호, 국립중앙박물관(좌)

19_석굴암 십일면관음보살입상, 통일신라, 경북 경주(우)

십일면관음보살(사진 19)은 11개의 얼굴을 가진 관음보살로, 11면의 얼굴은 중생을 교화하기 위한 다양한 설법 모습을 하고 있다. 정면의 세 얼굴은 보살의 얼굴로 중생을 대하면 자비심을 내어 즐거움을 주는 모습이다. 왼쪽의 세 얼굴은 분노의 상으로, 악한 중생을 보면 비심(悲心)을 일으켜 그를 고통에서 구하려는 상징을 담고 있다. 오른쪽의 세 얼굴은 백아상출상(白牙象出相)으로, 보살의 얼굴과 같지만 흰 이를 드러내고 있다. 정업(淨業)을 행하고 있는 사람을 보면 더욱 불도(佛道)에

20_토쇼다이지(唐招提寺)
천수천안관세음보살상,
일본 나라

정진하도록 권장하는 의미이다. 뒤쪽의 한 얼굴은 대폭소상(大暴笑相)으로 크게 웃고 있다. 착한 자나 악한 자 등 중생들이 뒤섞여 있는 모습을 보고 웃음으로써 이들을 모두 거두어들이는 것을 표현한 것이다. 정상의 한 얼굴은 바로 부처님이다. 대승의 근기를 가진 이들에게 불도의 구경(究竟)을 설하는 까닭에 부처님 얼굴 모습으로 나타낸 것이다. 석굴암의 십일면관음보살상이 우리에게 잘 알려져 있다.

천수천안관세음보살(사진 20)은 오늘날 불자들이 가장 많이 외우는 경전 『천수경』에 등장하는 주인공이다. 이 보살은 천수천안관세음 · 천비천안관세음 · 천비관음 · 천광관음 · 천안관음 · 천설천족천비관음자재 등 경전에 따라서 여러 가지로 불린다. 그 중에 천수관음이 가장 널리 사용되고 있다.

천수천안관세음보살의 구체적인 형상은 대부분 천개의 손과 그 손 각각에 눈을 갖춘 형태로 표현되어 있다. 또는 손과 눈이 각각 40개로 나타나는 경우가 있는데, 그것은 중생이 육도윤회하는 세계를 25부분으로 세분하여 나눈 결과 40에 25를 곱하여 천 개를 상징하기 때문이다. 즉 40개 손 하나하나가 육도윤회하는 25종류의 중생을 구제하니 결국에는 천 명의 중생을 구제하는 천수관음이 되는 셈이다.

지장보살상

　명부(冥府)의 세계에서 고통받는 모든 중생을 다 제도할 때까지 부처가 되는 것을 미룬 분이 지장보살이다(사진 21). 지장보살은 협시로서 무독귀왕과 도명존자를 거느린다. 지장보살이 모셔진 전각을 지장전, 명부 세계의 재판을 담당하는 왕과 함께 봉안하였으면 명부전, 시왕전이라 한다.

　지장보살 도상의 특징은 화려한 보관 대신 삭발한 스님의 머리를 하고 있거나 때로는 두건을 쓰기도 한다. 손에는 지장보살예찬문에 나타난 것처럼 석장과 보주를 쥐고 있다.

　석장의 유래에 대해서는 여러 가지 이야기가 전해온다. 스님들이 길을 갈 때 독충을 피하기 위해서, 혹은 손잡이에 달린 소리를 듣고 어떠한 생물도 피해가라는 의미를 갖고 있다. 다른 하나는 걸식을 나갔을 때 문 밖에서 초인종과 같은 효과를 내어 스님이 탁발하러 왔다는 것을 신도들에게 알리기 위해 석장을 지녔다는 설이다. 한편으로는 지옥문을 열 때 그 고리로 사용하였다는 이야기도 있다.

21_선운사 지장보살좌상, 고려, 보물 280호, 전북 고창

22_상원사 문수동자상, 조선(1466년), 국보 221호, 강원도 평창

문수보살상

문수보살은 사자 위에 앉아 때로는 날카로운 칼을 지녀 모든 장애와 번뇌를 없애는 지혜를 나타낸다. 또한 불교의 실천을 상징하는 보현보살과 함께 석가여래와 비로자나불의 협시보살이다. 사자를 탄 문수보살상을 언급한 최초의 경전은 『다라니집경』이다. '문수보살의 몸은 흰색이며 정수리 뒤에 빛이 있다. 칠보의 영락과 보관, 천의 등 갖가지로 장엄하고 사자에 올라타고 있다' 라는 구절이 바로 그것이다.

우리나라의 대표적 문수신앙처는 오대산과 금강산으로, 오대산 상원사 청량선원의 문수보살상과 문수동자상(사진 22)이 유명하다.

보현보살상

보현보살은 문수보살의 지(智)와 대응하는 실천적이고 구도자적인 행(行)의 보살이다. 그 형상은 여섯 개의 상아를 지닌 흰 코끼리를 타고 일체의 장소에 몸을 나투어, 청량의 빛으로 중생을 길러내는 자비를 상징한다. 석가여래와 비로자나불의 좌우 협시보살로서 늘 함께 표현된다. 석가여래가 주인공인 『법화경』과 비로자나불이 주인공인 『화엄경』에 '보현보살의 행원'이 설해져 있기 때문에 두 부처님의 협시로서 보현보살은 등장하고 있다.

『삼국유사』「탑상」편에는 흥륜사에 대한 기록에서 '보현보살을 벽에 그렸으므로 지금도 그 화상(畵像)이 보존되어 있다'라고 하였다. 고려시대 불화 중에는 석가여래삼존도의 보현보살도가 일본에 남아 있다. 조선시대에는 보살의 형상으로 때로는 동자의 모습으로 우리 곁에 나투고 있는 보현보살을 만날 수 있다(사진 23).

23_도갑사 보현동자상,
조선(1473년 추정),
보물 1134호,
전남 영암

미륵보살상

미륵보살은 자씨보살(慈氏菩薩)로 의역된다. 미륵보살은 56억 7천만 년 동안 도솔천에 머물면서 여러 중생들을 위하여 법을 설하고 깊은 사유에 잠기기도 하면서 수행에 몰두한다.

『미륵하생경』과 『미륵대성불경』에 의하면 미륵보살이 지상에 하생(下生)하기 위해서는 우선 전륜성왕이 통치하는 이상사회가 구현되어 있어야 한다. 실제로 백제와 신라의 지배층은 이 미륵하생신앙을 미륵보살이 하생할 만한 이상사회를 건설하는 주체로서 자신들을 합리화시켜주는 이데올로기로 수용하였다.

우리나라에서는 반가사유상을 삼국시대인 6세기부터 통일신라시대 초기까지 약 100년간 집중적으로 조성하였다. 우리나라의 반가사유상은 일본에도 영향을 미쳐 코류지(廣隆寺, 사진 24)와 쥬쿠지(中宮寺)의 반

24_코루지(廣隆寺)
반가사유상,
7세기, 일본 쿄토(좌)

25_반가사유상,
7세기, 국보 83호,
국립중앙박물관(우)

가사유상과 같은 많은 예를 남기고 있다. 반가사유상이 과연 어떤 보살을 표현한 것인지는 아직 명확하게 밝혀지지 않았지만 역사적으로 미륵신앙과 관련이 깊기 때문에 흔히 미륵보살로 불린다. 국보 제 78호와 제 83호 미륵반가사유상(사진 25)이 대표적이다.

일광 · 월광보살

불교에서 인간의 수명과 관련이 깊은 부처님은 약사여래와 치성광여래이다. 이 두 부처님의 좌우 협시로 등장하는 것이 바로 일광보살과 월광보살이다. 『약사여래본원공덕경』에서는 일광과 월광보살이 약사여래의 협시로 등장하고 있다. 월광보살은 달이 모든 곳을 두루 비춘다 하여 월광변조보살(月光遍照菩薩) 또는 월정(月淨)이라 하고, 일광보살은

26_방어산 약사삼존불의
일·월광보살,
통일신라(801년),
보물 159호, 경남 함안

태양이 모든 곳을 두루 비춘다 하여 일광변조보살(日光遍照菩薩) 또는 일요보살(日曜菩薩)이라 한다.

우리나라 불교미술에서 일광보살과 월광보살은 해와 달을 가진 모습으로 나타났다. 보관에다 해와 달을 표시하기도 하고, 때로는 손에 들고 나타나기도 하였다(사진 26).

나한상 및 조사상

부처님의 상수제자인 가섭존자와 아난존자 같이 훌륭한 분들의 상을 표현한 것을 나한상, 한 종파의 큰스님 같은 분을 조각한 것을 조사상이라고 한다. 그러므로 나한상이나 조사상은 세속을 초탈한 스님 모습을 조각으로 표현하고 있다. 나한상은 가섭과 아난존자 등 십대제자를 중심으로 오백나한, 천이백나한 등 많은 나한상이 있다. 조사상은 용수·무착·세친·현장·원효·의상·자장 등 인도, 중국, 우리나라의 고승상이다.

나한상

나한은 산스크리트어 'Arhat(Arhan)'의 한자 음역어인 '아라한'을 줄여서 부르는 말로, 마땅히 인천(人天)의 공양을 받을 만하다는 의미로 응공(應供)·응진(應眞) 등으로도 번역된다. 나한은 부처님의 가르침을 받아 깨달음을 얻은 불제자로 초기불교 수행의 가장 높은 지위인 아라한과를 얻고, 온갖 번뇌를 끊고 깨달음에 이르러 존경과 공양을 받을 만한 성자를 말한다.

나한은 중생에게 복덕을 주고 소원을 성취시키는 데 독특한 능력이 있다고 하여 우리나라 사찰에는 나한전이 많다. 경북 영천 거조암 영산전의 오백나한상(사진 27)이 유명하며, 운문사 사리암은 나한기도처로

27_거조암 영산전
　　오백나한상, 고려,
　　경북 영천

28_해인사 희랑조사상,
　　고려(10세기), 경남 합천

이름나 있다.

조사상

중국이나 우리나라에서는 각 종파를 창시하였거나 종파의 지도자들을 조사(祖師)라 하여 숭앙해 왔다. 이 역시 엄격한 의미에서는 나한이라 할 수 있다. 각 사찰에 가면 조사전을 마련하여 역대의 고승들을 봉안한 예도 많이 있다. 우리나라에서는 해인사의 희랑조사상(사진 28)이 유명하다.

천부신장상

불교에는 불보살 이외에 범천·제석천을 비롯하여 사천왕·팔부중 등 수많은 호법신들이 있다. 이들은 부처님이 설법하실 때 여러 성중(聖衆)과 함께 불법을 찬양하며 불법의 외호를 맹세하는 모습으로 나타난다. 이들을 신중(神衆)이라고 하는데, 특히 무장형의 여러 존상을 외호신중 또는 신장이라고 부른다. 곧 무력으로 적을 항복시키며 불법을 옹호하고 불경을 수지독송(受持讀誦)하는 사람들을 외호하는 신들을 말한다.

화엄신앙에 비추어 볼 때 석가여래가 깨달음을 이룸으로써 만물이 더불어 깨달음을 이루게 되었고, 이에 자연의 모든 신들은 불법을 보호하는 신으로 포용되었다. 따라서 인도의 토속신, 중국 도교의 칠성신, 한국의 산신이나 조왕신 등이 포함되어 우리나라에서는 최종 104위(位)의 신중으로 확대된다.

제석천과 범천

제석천(帝釋天)은 인드라(Indra)이며, 범천(梵天)은 브라만(Brahma) 신으로 고대 인도 최고의 신이다. 제석천은 수미산 꼭대기 도리천의 주인으로 불교화되면서 부처님을 수호하는 최고의 수호신이 되었다. 그래서 불상의 좌우에 많이 묘사되었고 후에는 사리기나 탑신 같은 데에도 즐겨 새겨지게 되었다.

29_석굴암 제석천, 통일신라, 경북 경주(좌)

30_석굴암 범천, 통일신라, 경북 경주(우)

　우리나라에서는 석굴암의 제석천이 유명한데, 오른손에는 불자(拂子)를, 왼손에는 금강저를 들고 있다(사진 29).

　범천은 제석천과 더불어 불법수호의 쌍벽을 이룬다. 근본불교 경전을 보면 범천은 이 사바세계의 주인으로서 상당히 교만한 존재였으나 부처님 말씀을 듣고 교만심을 없애고 제자가 되었다. 그는 특히 언제나 법을 설해 줄 것을 청하고 항상 그 설법이 이루어지는 자리에 참석하여 법을 듣고 묻는다. 나아가 제석천과 더불어 불법을 수호할 것을 서원한다. 석굴암의 범천상(사진 30)은 오른손에는 불자를 들고 왼손에는 정병을 들고 있다.

인왕상

인왕(仁王)은 금강역사(金剛力士)라고도 불리며 문을 지키는 수문장 구실을 한다. 또한 문 외에도 석탑과 부도의 탑신부 또는 사리기·불감(佛龕)·신중 탱화 등에도 등장하여 불보살과 사리를 수호하고 있다.

보통 사찰 출입구〔金剛門〕의 오른쪽에 입을 벌리고 있는〔阿形〕금강역사, 왼쪽에는 입을 다물고 있는〔吽形〕금강역사가 배치되어 사찰을

31_석굴암 인왕상,
통일신라,
경북 경주

수호한다. 아형 금강역사는 '아' 하고 입을 벌린 채 공격하는 모습을 취하고, 훔형 금강역사는 '훔' 하고 입을 다문 채 방어하는 자세를 취한다. 아형 금강역사는 나라연금강(那羅延金剛), 훔형 금강역사는 밀적금강(密迹金剛)이라고 부른다. 나라연금강은 천상의 역사로서 힘이 코끼리의 백만 배나 된다고 한다. 밀적금강은 언제나 금강저를 들고 부처님을 호위하며, 온갖 비밀스러운 사적(事跡)을 알고 있다고 한다.

이들 인왕상 도상의 특징은 상체를 벗은 반나체에 손은 권법(拳法)을 짓거나 금강저를 들고 있는 독특한 모습이다. 분황사 모전석탑과 석굴암의 인왕상(사진 31)이 유명하다.

사천왕상

사천왕(四天王)은 인도 신화시대부터 호세신(護世神) 또는 방위신으로 세계의 중심인 수미산의 중복(中腹)에 살며, 그 정상의 도리천에 사는 제석천의 권속으로 사방사주(四方四洲)를 수호하는 호법신으로 많은 경전에 설해지고 있다. 사천왕신앙은 사악한 것으로부터 신성한 것을 보호하고 침략자로부터 수호하는 역할 때문에, 국가적인 차원에서는 호국사상과 연결되었고 종교적으로는 사찰을 수호하는 호법신으로 받아들여졌다.

그러나 사천왕상은 그 형상 때문에 무서운 존재로 받아들여지고 있다. 사찰 초입의 천왕문에 모셔진 사천왕상은 보는 사람으로 하여금 두려움을 갖게 한다. 사천왕상이 무서운 형상을 하고 있는 것은 인간 내면의 깊은 곳에 자리잡고 있는 죄의식을 불러일으켜 깨우치게 하려

32_사천왕 세부 명칭

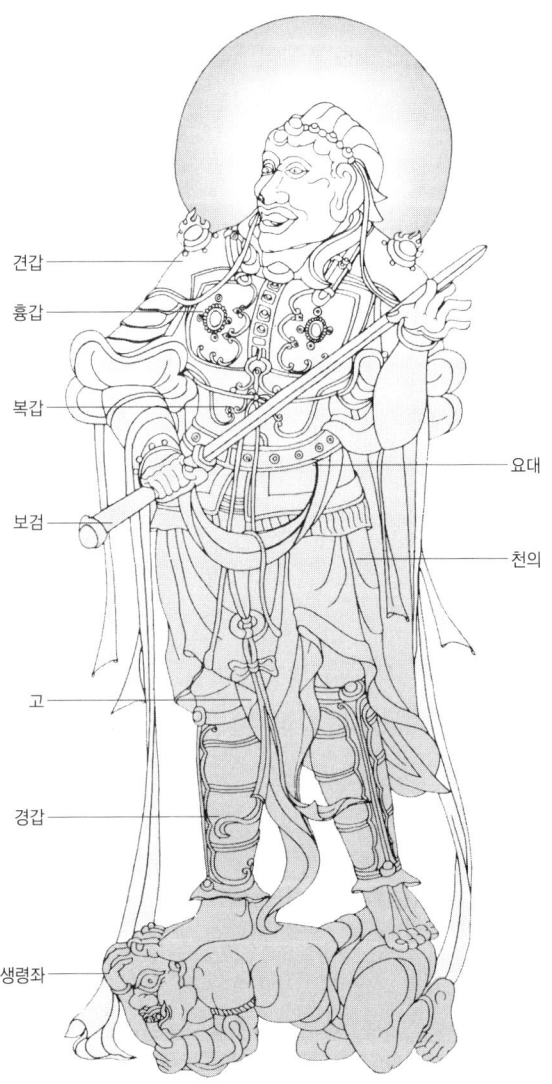

33_사천왕상

는 의도가 있는 것으로 보인다. 결국 우리 내면의 번뇌를 끊으며 불법을 수호하는 역할 때문에 겉모습은 갑옷을 입고 무기를 든 모습으로 만들어졌다(그림 32).

사천왕이 담당하는 방위는 동방 지국천왕(持國天王), 남방 증장천왕(增長天王), 서방 광목천왕(廣目天王), 북방 다문천왕(多聞天王)이다. 사천왕은 손에 갖가지 물건을 가지는데 조금씩 다르다(사진 33).

통일신라시대의 사천왕으로는 감은사 동서탑사리기의 사천왕과 석굴암 사천왕이 유명하다. 조선시대의 사천왕상은 주로 중국식 갑옷을 입고 있으며 각각 다른 지물을 손에 들고 있다. 대부분의 경우 양쪽 발 밑에 악귀를 밟고 있다.

팔부중상

팔부중상(八部衆像, 사진 34)은 고대 인도의 여덟 신들을 불교가 습합하여 불법을 수호하는 호법의 선신(善神)으로 삼은 것이다. 그래서 이름도 일정하지 않고 모습 또한 정형화되지 않은 것이 특징이다. 우리나라의 팔부중은 대개 무장을 한 것이 많고 손에 들고 있는 지물이나 자세도 여러 가지이다. 우리나라에는 주로 불탑이나 승탑의 기단부에 팔부중이 많이 조각되어 있다.

34_석굴암 팔부중상, 통일신라, 경북 경주

제2장 불교건축

Buddhist Building

가람과 건축

절, 즉 불교사원에 있는 모든 구조물을 불교건축이라 할 수 있다. 다시 말하면 건축공간인 사원의 대지에서부터 하나하나의 건조물에 이르기까지 일체의 건축적인 것을 통틀어 불교건축이라고 한다.

불교사원은 초기에는 스님들이 거주하는 승원만 있었으나 불탑이 크게 성행하자 탑과 승원이 동시에 갖추어진 종합적인 사원으로 발전하였다. 여기에는 금당, 불전(佛殿), 강당, 포살당, 후원, 요사채 등 스님들이 거주하면서 수행생활을 하는 데 필요한 모든 건물이 세워졌다. 따라서 불교건축이라 하면 이러한 모든 구조물의 기본 배치에서부터 건물부재에 이르기까지 모든 건축적인 것을 일컫는다.

'가람(伽藍)'이란 부처님이 태어나신 인도에서 오래 전부터 '절'의 의미로 쓰여 왔던 말이다. '가람'은 산스크리트어 '상가람마(saṅghārāma)'를 소리나는 대로 한역한 '승가람마'를 줄인 것이다. '승가'는 '대중'을 의미하며, '람마'는 '원'이란 뜻인데 이를 줄여 '가람'이라 부르게 된 것이다. 따라서 가람은 승가들이 한군데 모여 불도를 닦는 사찰을 의미하며 승원이라 부르기도 한다.

최초의 사찰은 부처님께서 생전에 기거하시던 죽림정사나 기원정사였다고 볼 수 있으며 부처님이 입적하신 뒤에는 불탑을 중심으로 가람이 세워지기 시작하였다. 처음에는 커다랗고 둥근 탑과 탑 주변을 두른 담장, 그리고 사방의 탑문 등이 웅장한 규모와 성스러운 장식으로 세워졌다(사진 1). 사방의 탑문에는 부처님의 전생 이야기나 생전의 행적을 일러주는 여러 가지 조각그림이 등장하고 담장 안의 탑 둘레에는 계단과 탑돌이 길을 마련하여 '우요삼잡(右繞三匝)'이라는 탑을 오른쪽으로 세 번 도는 관습이 생겨났다. 그리고 탑은 계속 사찰의 중심 건물로 세워지면서 하나 둘씩 부속건물을 갖게 되어 이른바 가람을 형성하게 되었고, 탑과 가람의 형태도 지역과 나라에 따라 다양한 모습으로 발전하였다.

그 중에서도 중국에서는 가람이 궁궐건축과 대등한 형국을 이룰 정도로 불교가 상당한 대접을 받게 되었다. 이를테면 궁궐에서만 허용되는 단청, 둥근 기둥의 사용 등이 가람에서도 그대로 허용되었으며 남북조시대 이후로는 궁궐의 건물배치와 다를 바 없는 정연한 가람배치 형식이 정해졌다. 이는 불교를 받아들였던 중국의 제왕들이 부처님을 가르침의 왕이신 법왕(法王)으로 받들어서 궁궐의 조영제도와 똑같은 법식을 사찰건축에서도 채택할 수 있도록 하였기 때문이다. 그래서 불교건축물들은 인도식이 아닌 중국의 전통 건축양식을 따르게 되었다.

1_산치대탑,
   B.C. 1세기, 인도 산치

우리나라의 가람

우리나라는 중국으로부터 불교가 전래됨에 따라 중국식의 건축양식과 가람배치 방식을 따르게 되었다. 삼국시대 가람조영의 역사를 살펴보면 우선 고구려는 소수림왕 2년인 372년에 불교가 공인되고 그로부터 3년 후인 375년에 이불란사와 초문사가 세워졌다. 뒤이어 평양에도 아홉 군데에 사찰이 세워졌다고 한다. 당시의 가람이 오늘날까지 남아 있지는 않지만 지금까지의 발굴조사에 의하면 팔각탑을 중심으로 동·서·북면의 세 곳에 법당이 배치된 일탑삼금당식(一塔三堂式)의 가람배치(그림 2)를 이루었던 것으로 밝혀졌다.

백제와 신라에서는 고구려의 가람배치와는 달리 남북 일직선상에 앞쪽으로부터 중문·탑·금당(법당)·강당의 순으로 일탑일금당식의 가람배치를 이루고 있다. 그러나 익산 미륵사지의 경우는 나란히 세 곳에 각각 탑과 법당을 배치한 삼탑삼당식의 대규모 가람배치(그림 3)를 이루고 있고, 황룡사지도 일탑삼금당식의 가람배치(그림 4)로 발전된 것으로 보아 비록 고구려의 가람배치와 차이는 있으나 삼당가람이 계속 존재하였다고 볼 수 있다.

통일신라시대에 이르러 대부분의 가람배치는 일탑일당식을 유지하였는데 이때부터는 탑보다는 법당의 규모가 훨씬 커지게 되었다.

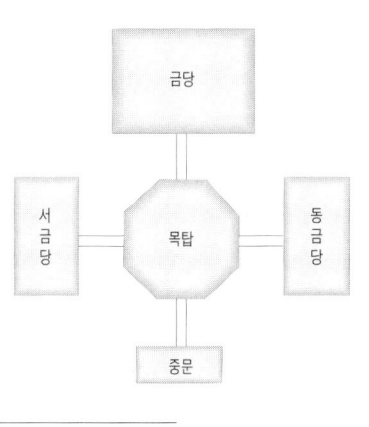

2_평양 청암리사지 가람배치도

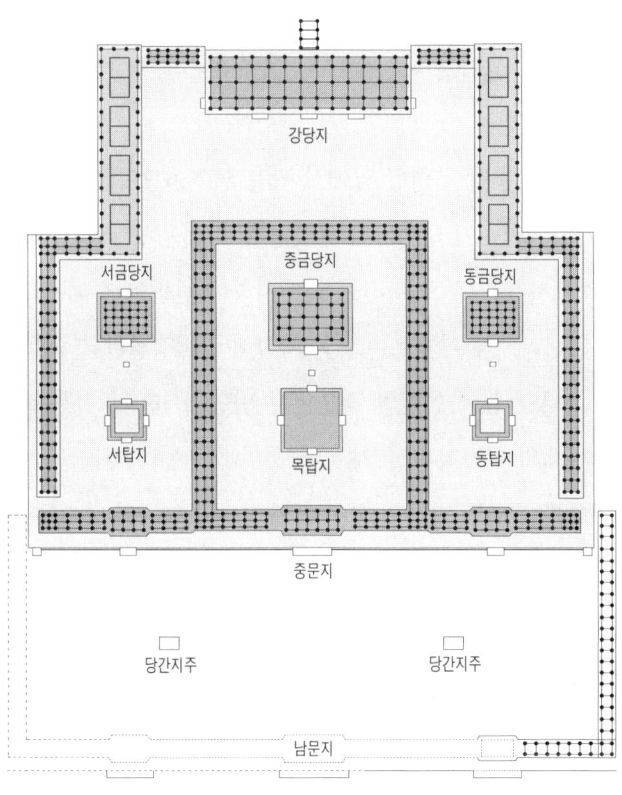

3_익산 미륵사지 가람배치도

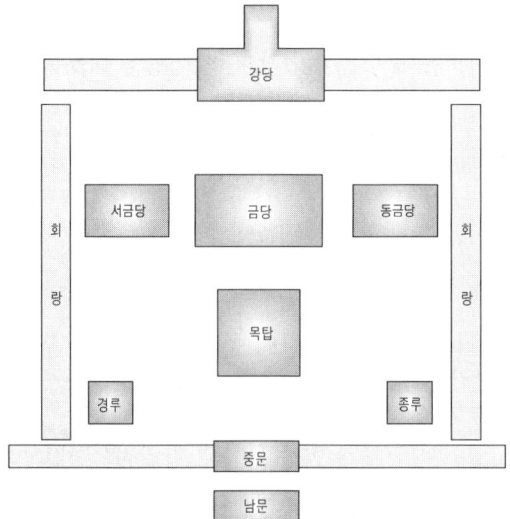

4_경주 황룡사지 가람배치도

그 이유로는 불자들의 인식이 탑뿐만 아니라 불상을 중시하기 시작하였기 때문이다.

한편으로는 탑이 법당 앞에서 짝을 이루어 양쪽에 세워지는 이른바 쌍탑가람(그림 5)이 생겨나게 되었는데, 이것은 중국의 궁궐건축이나 사찰건축에서 대칭적으로 건물을 배치하는 관습이 전래된 것이다. 하지만 통일신라시대 이후로는 모든 사찰이 질서정연한 가람배치법을 따른 것은 아니었다. 화엄사의 경우에는 법당(각황전)의 위쪽에 사사자삼층석탑이 세워지고 각황전, 대웅전 등이 증축됨에 따라 두 법당 앞에 탑이 하나씩 세워져 가람의 확장과 자연적인 지세의 형편에 따랐음을 알 수 있다. 그리고 자연적인 지형지세를 존중하는 우리 민족의 심성과 땅의 기운을 중시하는 풍수지리사상에 의하여 탑이 가람배치의 질서를 벗어나 산봉우리나 강 언덕에 세워지기도 하였다. 절 안의 건물들도 가람배치의 기본질서를 흐트러뜨리지 않는 범위에서 자연스런 배치방식을 따르게 되었다.

고려시대부터는 도교, 민간신앙 등이 불교에 혼합되어 절 안에 북두칠성의 칠성신을 모시는 칠성각, 염라대왕을 비롯하여 저승의 시왕 등을 모시는 명부전, 우리나라 전통의 산신령을 모시는 산신각 등도 세워져 더욱 자유로워지고 포용화되는 경향을 보여준다. 또한 별도의 법당과 부속건물들이 배치와 관계없이 적절한 장소에 세워지고 탑도 절을 벗어난 곳에 세워지기도 했다. 뿐만 아니라 성주사, 운주사 등지에서는 여러 탑이 세워지는 다탑가람이 조성된 적도 있으며 이와는 정반대로 송광사와 같은 명찰에서는 탑을 조성하지 않기도 하였다. 따라서 가람배치면에 있어서도 우리 민족 특유의 자연친화적인 요소가 많이 가미되어 고려시대에는 불교가 한국식의 민족종교로 토착화되었음을 알 수

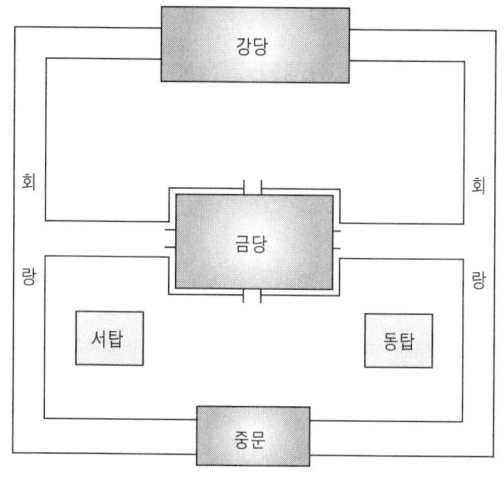

5_경주 감은사지 가람배치도

있다. 이러한 전통 가람의 분위기는 비록 활발하지는 못하였지만 조선시대의 가람에서도 그대로 계승되었다.

평지가람 · 산지가람

가람의 배치와 구조면에서 볼 때 우리나라의 사찰은 평지가람(平地伽藍)과 산지가람(山地伽藍)의 두 종류로 크게 나눌 수 있다. 평지가람은 평지에 세워진 사찰을 의미하는 것으로 고대로부터 중요한 사찰들은 왕도나 고을 한복판의 평지에 세워지는 경우가 많았다. 평지가람 중에는 대규모의 사찰들이 많았는데 경주의 황룡사터, 익산의 미륵사터 등이 대표적이다. 또한 평지가람은 궁궐건축의 중문 · 정전 · 회랑 등의 구조와 유사하게 사찰의 건물이 배치되어 궁궐만큼이나 질서 있고 당당한 면모를 보여주고 있다.

산지가람은 산중에 터를 잡은 사찰이다. 산지가람에서는 기본적인 가람의 질서를 존중하되 산세의 기운을 거스르지 않으면서 그 안에 부속건물들을 조성하는 특징이 있다. 따라서 여러 단의 축대를 쌓아 높낮이가 서로 다르게 터를 다지고 적절히 건물을 배치하게 되는데 때로는 진입로가 꺾이거나 휘어지고 사찰의 전경도 똑바로 시야에 들어오지 않는 경우가 허다하다. 반면에 절 입구로부터 일주문·천왕문·문루 등을 거칠 때마다 절 안의 광경이 자연스럽게 전개되는 특징이 있다.

현재 우리나라 사찰의 대부분은 이러한 산지가람을 이루고 있으며 건물의 규모와 공간의 배치에서는 산세와의 조화를 중시하였다. 그 중에서도 부석사(사진 6)·화엄사·영암사 등은 우리나라의 대표적인 산지가람이다. 그리고 이러한 산지가람이야말로 가장 한국적인 전통건축과 주변 환경을 잘 간직해온 문화유산이며 고귀하게 보전되어야 할 성보(聖寶)라고 할 수 있다.

6_부석사, 경북 영주

사찰건축

불교 건축물 중 가장 핵심이 되는 것은 불전(법당)이다. 법당은 흔히 금당으로도 불리는데, 황금빛의 불상을 모신 곳이기 때문이다. 불전은 축대, 층계, 주춧돌, 기둥, 마루, 창호, 처마, 천장, 지붕 등 모든 부분의 조성에 각별한 공을 들여 부처님이 살고 계시는 최상의 전당으로 세워지게 된다. 따라서 사찰 내에서 가장 공을 들여 짓는 건물이 바로 법당이라고 할 수 있다. 때로는 법당의 사방으로 부속건물을 질서 있고 조화롭게 배치함으로써 법당의 품격을 더욱 높이게 된다.

또한 대규모의 불전을 세우거나 불전의 장엄함을 강조하기 위해서는 2층, 3층 또는 5층에 이르는 웅장한 규모의 불전을 조성하기도 하였다. 예를 들어 화엄사의 각황전은 2층 건물로 세워졌으며 금산사 미륵전은 3층, 법주사 팔상전은 5층 건물로 세워졌다. 이러한 다층건물의 불전은 단층건물의 불전보다 규모가 크고 설계도 아주 복잡하다. 그뿐만 아니라 기술상으로 현대건축보다 훨씬 어려운 고도의 건축기법에 의하여 완성된 것이 사실이다. 더구나 예전에는 현대와 같은 발달된 건축장비와 자재 운반기술이 없었으므로 모든 건축공정이 수공과 지혜에 의하여 이루어졌다.

기초공사

불전의 건축공정에서는 우선 불전과 부속건물이 들어설 수 있는 터를 잡아 터닦기를 한 다음 터가 무너지지 않도록 축대 쌓기를 하게 된다. 이때 축대는 막돌 쌓기, 바른돌 쌓기, 허튼층 쌓기, 바른층 쌓기 등의 축조법으로 석축이 이루어지는데 축조법의 선택에 따라 석축의 구성미가 다양하게 드러나게 된다. 석축 쌓기와 터다지기가 끝나면 본격적으로 건물을 짓게 되는데 고전적인 방식에서는 질서정연한 석조기단을 조성하고 그 위에 주춧돌을 놓고 기둥을 올리게 된다. 그러나 조선시대 이후로는 석조기단을 석축기단으로 대체하거나 기단을 생략하고 바로 낮은 토단 위에 기초공사를 하고 주춧돌을 놓기도 하였다. 주춧돌도 고려시대까지는 방형 또는 원형의 주춧돌을 사용하였는데 특히 조선시대 후기 이후로는 '덤벙주초'라고 하는 자연석 주춧돌을 대강 다듬어 쓰는 방식이 유행하였다.

기둥과 지붕

기둥은 대체로 둥근 기둥을 썼으며 통일신라시대 이후에는 기둥의 중간부가 두툼해지는 이른바 배흘림기둥이 선보이기도 하였다(그림 7). 현재 통일신라시대의 기둥이 남아 있는 건물은 없으나 당시의 승탑에서 배흘림기둥이 뚜렷이 나타나는 것으로 증명이 된다. 배흘림기둥은 기둥이 탄탄해 보이는 시각적 효과가 있다. 기둥을 세운 다음에는 기둥과 기둥을 위쪽 부분에서 꿰뚫고 연결하는 창방(昌枋)이 결구되고 각 기둥 위에는 커다란 주두(柱頭)가 놓이며 그 위로 지붕을 떠받는 부재(部材)들이 놓이게 된다.

지붕은 여러 부재들이 대규모로 결합된 구성물이므로 상당한 중량과 부피를 지니고 있다. 뿐만 아니라 지붕을 구성하는 각 부재들은 역학적으로 치밀하게 짜맞추어져 지붕의 모양을 이루게 되고 동시에 육중한 지붕의 무게가 공평하고 안전하게 기둥으로 전달되도록 되어 있다.

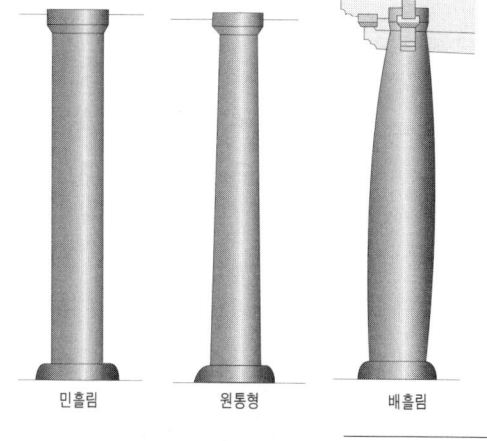
7_기둥의 형태

공포의 구조

주두 위에서 지붕을 최초로 안전하게 떠받치는 부재들의 뭉치를 공포(栱包)라고 하는데, 여러 개의 첨차(檐遮)와 소로(小累)로 구성된다. 첨차는 처마 밑에서 지붕의 무게를 받아내는 여러 겹의 받침부재이며, 소로는 이 받침부재들 사이에서 서로의 틈을 괴어주는 작고 납작하며 네모난 부재들이다. 고려시대까지는 이 공포들이 주로 기둥 위에만 설치되는 주심포식(柱心包式) 건물이 주류를 이루었는데, 수덕사 대웅전, 봉정사 극락전, 부석사 무량수전(사진 8) 등은 대표적인 주심포식 건물이다. 그 후 고려시대 말기에는 기둥과 기둥 사이의 공간에도 공포가 설치되는 다포식(多包式) 건물(사진 9)이 등장하여 조선시대에 크게 유행하였다.

제2장_불교건축 • **69**

다포식 건물의 공포 구조는 기둥 위의 주심포는 물론 기둥과 기둥 사이에도 공간포가 설치되므로 기둥 끝을 관통하는 창방 위로 공포를 줄지어 얹어 놓을 평방(平枋)이 설치된다. 즉 주심포식 건물과 다포식 건물은 공포의 숫자는 물론 평방의 유무로 쉽게 구별된다고 할 수 있다.

8_부석사 무량수전, 고려, 국보 18호, 경북 영주

9_개암사 대웅보전, 조선(1636년), 보물 292호, 전북 부안

대들보, 도리, 서까래

공포의 구조를 이루는 첨차는 지붕 대부분의 무게를 지탱하는 대들보(大樑)와 도리(道里)를 받게 되고 대들보는 지붕 전체를 가로로 받치게 된다. 도리는 여러 군데에서 서까래를 가로로 받쳐주는 긴 부재이다. 그 중 지붕 내부의 맨 위쪽 한가운데를 받는 것을 종도리(宗道里), 중간 부분을 받는 것을 중도리(中道里), 기둥 안쪽을 받치는 것을 내목도리(內目道里), 기둥 위에서 서까래를 받는 것을 주심도리(柱心道里), 기둥 바깥쪽에서 받는 것을 외목도리(外目道里)라고 한다. 그런데 주심포식 건물에서는 내목도리가 없고 다포식 건물에는 내목도리가 있다.

서까래는 지붕꼴을 이루는 뼈대로서 통나무를 세로로 벌여 구성되며, 통상 지붕 위에서 처마 끝까지는 두 개의 통나무가 엇걸기로 연결되어 한 골의 서까래를 이루게 된다. 또한 처마 끝을 길게 내어 햇볕이나 빗물을 차단하고 아울러 처마의 맵시를 더하기 위해서는 한 토막씩의 서까래를 덧대는 덧서까래(부연(婦椽))가 설치되기도 한다. 처마의 네 귀에서는 서까래가 부챗살처럼 퍼지면서 살짝 위로 들려 지붕모양이 곡선미를 나타내면서 더욱 우아하게 이루어지기도 한다.

기와

서까래 위에는 진흙과 짚을 버무려 덮고 기와를 얹어 지붕을 마무리하게 되는데 이때 덮이는 대부분의 기와는 두 종류이다. 그 중 지붕 바닥에 놓여 기왓골을 이루는 넙적기와를 '암키와' 라 하고, 암키와와 암키와의 사이를 덮는 길쭉기와를 '수키와' 라 한다. 그리고 지붕의 가장 자리인 처마 끝을 마감하는 기와를 '막새기와' 라 하는데 여기에도 '암막새' 와 '수막새' 기와가 사용된다. 특히 막새기와에는 연꽃무늬, 당초무늬 등 여러 가지 장식무늬가 새겨지며 여기에 새겨진 무늬에 의하여 기와의 제작시기를 짐작할 수 있다.

바닥과 창호

건물 내부(그림 10)의 바닥에는 전돌 또는 마루를 깔게 된다. 대체로 전돌은 북방건축, 마루는 남방건축의 영향으로 보고 있다. 내부로 들어가는 출입문은 원래 중앙에 설치되고 좌우에는 살창만 있었는데 조선시대 이후로는 건물 앞면에 온통 창호를 달아 건물 내부가 밝아졌다.

10_건축물의 내부 구조

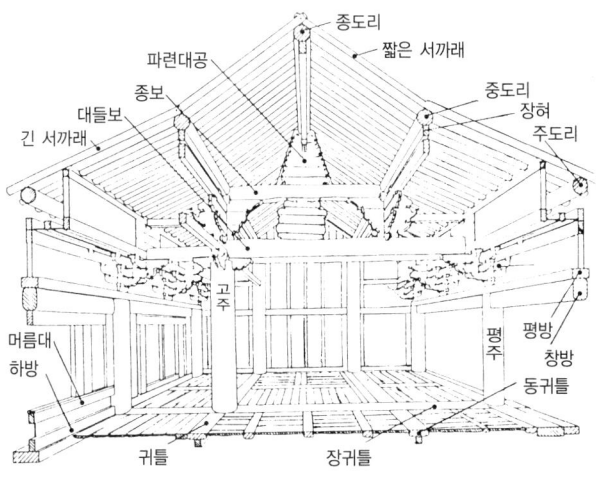

또한 창호는 띠살, 빗살, 꽃살 등으로 장식하고 이 창문들은 좌우로 접히고 위로 들려 건물 내부가 훤히 개방되도록 문달기 방식이 발전하기도 하였다. 한편 앞쪽 전체에 창호문이 달리게 되면서 이곳의 가운데 칸은 부처님을 위한 상징적인 출입통로가 되고 신도들은 좌우 벽체의 앞쪽에 개설된 출입문을 이용하게 되었다.

문은 뒷벽에도 설치된다. 뒷벽 중앙에는 출입문이 설치되고 양 옆면에는 창호를 내는데 예로부터 건물에는 사방에 사문팔창(四門八窓)을 내던 조영법식을 따른 것으로 보이며 시대가 흐를수록 뒷벽의 창과 문의 사용 예는 줄어들어 오늘날에는 그 자취만 남아 있다.

불단, 불전, 단청

불전(佛殿) 내부의 중간부에는 약간 뒤쪽으로 불단(佛壇)이 설치된다. 불단 위에는 불상을 안치하고 불상 뒤에는 후불탱화를 걸게 된다. 이때 불단에 안치된 주존불상의 명호에 따라 불전의 명칭이 정해진다. 즉 석가모니불이 주존이면 대웅전, 대웅보전 등으로 불리어지고, 주존불이 비로자나불이면 대적광전, 대광명전, 보광전, 대광전, 적광전 등으로 정해진다. 비로자나불이 '무한광명의 청정여래'란 의미를 지니고 있으므로 불전의 명칭에 '광(光)'자가 쓰이게 된 것이다. 그리고 주존이 아미타불일 경우는 극락전, 아미타전, 관세음보살일 경우는 관음전, 원통전 등으로 불리고 미륵불일 경우는 미륵전, 천불일 경우는 천불전 등으로 불리게 된다. 이 밖에도 팔상전, 지장전, 시왕전, 명부전, 칠성각, 산신각 등도 건물 내부에 모셔진 주인공에 따라 명칭이 정해진다. 마지막으로 불전 내외부의 벽체와 천정에는 화려한 단청(丹靑)과 벽화 장식이 베풀어짐으로써 건물이 완공된다.

부속건물

사찰의 건물은 불전이 주건물이 되며 때로는 한 사찰에서도 불전이 여러 곳에 세워지기도 하여 불전 중에서도 주불전이 따로 존재하게 되었다. 이러한 주불전과 불전의 부속건물로는 창건주의 영정이나 초상을 모신 조사당, 교리를 강학하는 강당, 절 안마당으로 들어서는 곳에 세워져 강당으로 쓰이기도 하고 때로는 법고, 목어, 운판 등을 걸어 두기도 하는 문루, 범종을 걸어 두는 종루, 각종 불경을 보관해 두는 경루, 불경을 새긴 목판을 보관하는 장경고, 스님의 살림살이가 이루어지는 요사채 등이 세워진다.

불탑

 탑이란 산스크리트어의 '스투파(Stūpa)' 또는 '투파(Thūpa)'를 한자로 음역한 것으로 원래는 '무덤'을 의미한다. 기원전 624년 경 인도의 카필라국의 왕자로 태어난 부처님이 중생을 제도하고자 왕성을 나와서 오랜 고행과 수도 끝에 깨달음의 진리를 터득하셨다. 그 후 부처님은 많은 가르침을 후세에 전하고 열반에 들었는데 제자들이 시신을 다비하니 여기서 수많은 신골(身骨)과 사리들이 나왔다고 한다.
 이때 제자들은 서로 부처님의 사리를 많이 가져다 탑을 세우려고 하다가 결국 공평하게 사리를 나누어 8기의 탑을 세우게 되었다. 이것이 바로 불경에 전해오는 최초의 탑에 대한 내용이다. 불교에서는 이러한 최초의 탑을 '근본팔탑(根本八塔)'이라 부르고 있다. 그리고 당시에는 탑이 곧 부처님의 무덤이었으므로 생전의 부처님을 대신하여 신도들로부터 숭배의 대상이 되었다. 그로부터 약 200년 후 아쇼카 왕(B.C. 272~232 경)은 이 탑들을 헐고 사리를 다시 나누어 전국 방방곡곡에 팔만사천탑을 세웠다고 한다.
 현재 산치(Sanchi, B.C. 3세기 이후), 바르후트(Bharhut, B.C. 3세기 이후), 부다가야(Buddhagaya, B.C. 3세기 이후), 아마라바티(Amaravati, 2세기 경) 등지에 남아 있는 거대한 인도의 고탑들은 인도 고유의 불탑 형태를 보여주고 있다. 이 탑들은 대체로 돌이나 벽돌을 이용하여 둥그런 몸체를 거대하게 조성하고 꼭대기에는 성인의 무덤임을 상징하는 일산(日傘) 모양의 보륜장식이 세워져 있다.

11_산치대탑의
원숭이가 부처님
(보리수와 금강대좌)께
공양 올리는 모습,
기원전 1세기,
인도 산치(좌)

13_바르후트 대탑의
제석굴 설법
장면(금강보좌),
기원전 1세기,
콜카타(Kolkata)
인도박물관(우)

12_불족적,
인도 보드가야

　또한 탑의 둘레에는 난간을 두르고 사방에는 탑문이 세워지며 여기에는 부처님의 행적, 전생 설화, 공양도 등이 새겨지고 아울러 보리수(사진 11), 법륜, 발자국(사진 12), 금강좌(사진 13) 등이 부처님의 몸체를 대신하는 상징물로 나타난다. 당시는 부처님의 모습을 함부로 새기거나 그림으로 나타내는 것이 금기시되었던 시대였기 때문이다. 또한 당시는 탑만이 부처님과 동등한 숭배대상이 되었고 사원의 공간배치에서도 탑이 항상 중심부를 차지하였는데 이는 불상이 등장하기까지 약 500년간이나 지속되었다. 그리고 불상이 만들어진 뒤에도 탑은 여전히 신앙의 핵심 대상물로서 오늘날까지 존속되어 오고 있다.

목탑

나무로 만든 목탑은 인도에서는 드문 편인데 중국에서 크게 성행하였다. 우리나라에서는 선덕여왕 때 세워진 황룡사 구층목탑이 가장 대표적인 것인데 그 높이가 무려 80m나 된다.

백제나 고구려에도 이런 목탑의 예가 많이 있었다. 하지만 재료의 특성상 고려시대 이전의 것은 남아 있지 않고 그 터만 남아 있어, 당시 상황을 짐작해 볼 수 있다. 현재는 법주사 팔상전(사진 14), 쌍봉사 대웅전 등을 제외하고는 남아 있지 않지만 우리나라에서도 상당히 많은 목탑이 조성되었던 것은 분명한 일이다.

이 두 목탑은 비록 조선시대에 세워졌으나 삼국시대부터 계승되어온 한국 전통의 목탑 형태를 그대로 보여주고 있다. 그 근거로는 백제 때 처음 조성된 미륵사지 석탑이 바로 법주사 팔상전과 비슷하며, 현재 일본에 남아 있는 고대의 단칸 목탑들이 쌍봉사 대웅전과 매우 유사한 점 등을 들 수 있다. 그 중에서도 법주사 팔상전은 넉넉한 모양과 웅장한 자태 그리고 안정감 있는 형태 등에서 동양 목탑의 최상급 수준을 보여주고 있다.

14_법주사 팔상전,
조선(1605년 재건),
국보 55호, 충북 보은

15_미륵사지 석탑,
백제(7세기), 국보 11호,
전북 익산(상)

16_감은사지 동서삼층석탑,
통일신라(7세기 후반),
국보 112호,
경북 월성(하)

석탑

목탑은 그 규모와 품위 면에서는 으뜸의 보탑임은 말할 나위가 없다. 그리고 신도들이 탑 내부에 자유로이 들어가 불공을 드리고 내부에서도 탑돌이를 할 수 있으며 단청, 탱화, 벽화, 불상과 불단 등으로 장엄하게 꾸며질 수 있었다. 그러나 목탑은 세우는 데에 경비와 공력이 많이 드는 반면, 재질이 오래 견디기 어렵고 전쟁이나 화재 등으로 순식간에 무너져 버리는 아쉬움이 있었다. 따라서 좀더 견고한 재질로 탑을 세워 오래도록 탑이 보전되기를 기원하였고, 그 결과 우리나라에서 흔히 구할 수 있는 석재를 이용하여 석탑을 세우게 되었다. 석탑은 목탑보다 견고하고 풍화에도 잘 견뎌 영구적으로 보전할 수 있었다.

우리나라에서는 일찍부터 양질의 화강암이 풍부하게 생산되었기 때문에 웅장하고 아름다운 석탑들이 많이 만들어졌다. 그래서 석탑은 우리나라 탑의 대명사처럼 된 것이다. 현재까지 남아 있는 것이 천여 기가 알려져 있으며, 가장 오래 된 석탑으로는 전북 익산 미륵사 터에 있는 석탑(사진 15), 충남 부여의 정림사지 오층석탑 그리고 경북 경주의 감은사지 동서삼층석탑(사진 16)과 고선사지 삼층석탑 등이 있다.

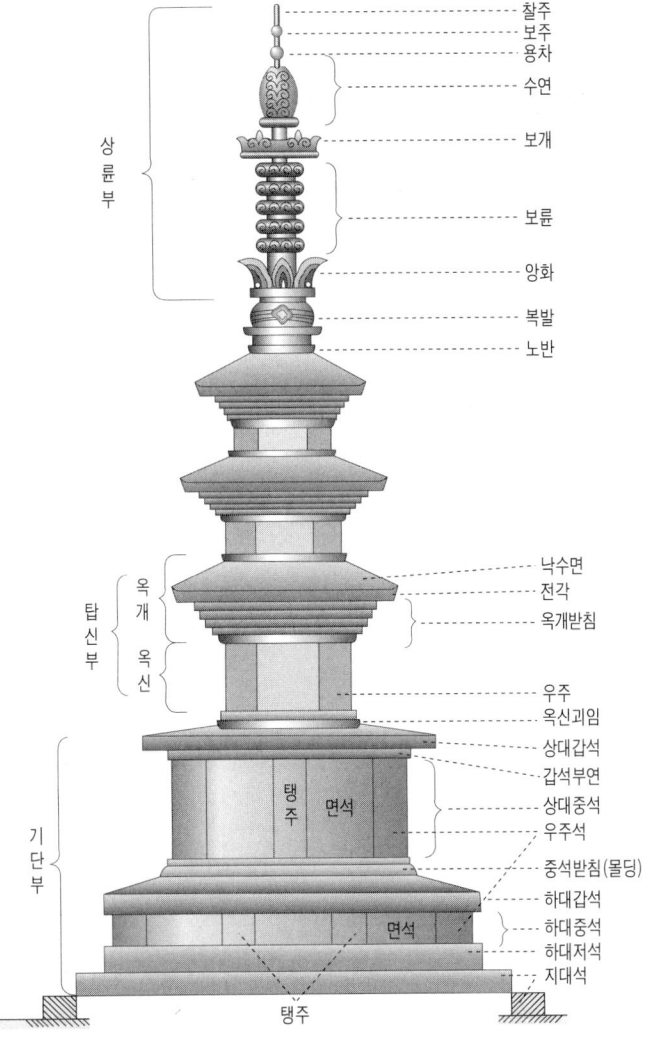

17_탑의 세부 명칭

18_분황사 모전석탑,
신라(634년), 국보 30호,
경북 경주

전탑

전탑(塼塔)은 벽돌을 쌓아올려 만든 탑으로서 우리나라에서는 그 예가 흔치 않으며 안동 신세동 전탑이 대표적이다. 신라의 유일한 석탑인 경주 분황사 모전석탑(사진 18)은 돌을 벽돌처럼 잘라 층층이 쌓아 탑을 세웠는데, 이러한 축조방식은 중국의 전탑을 본뜬 것이다. 이처럼 백제는 목탑을 본떠 석탑으로 재현하고, 신라는 전탑을 모방하여 석탑을 조성함으로써 백제와 신라는 석탑 조성의 성향이 서로 다르게 나타나게 되었다.

특수형 석탑

통일신라시대에는 일반형 석탑과 전혀 형태가 다른 특수형 석탑도 등장하였다. 이미 통일신라시대의 전성기에는 우리나라 역사상 석탑의 조탑 수준이 절정에 이르렀으므로 이때부터는 석탑의 형태에서도 새롭게 응용된 형태를 자유자재로 고안할 수 있는 단계에 이르렀기 때문이다. 불국사 다보탑(사진 19), 화엄사 사사자삼층석탑(사진 20), 정혜사지 십삼층석탑(사진 21) 등은 통일신라시대 전성기의 수준 높은 조탑술로 창작된 새로운 양식의 석탑이다. 특히 다보탑은 인도를 비롯한 아시아의 어느 불교국가의 탑과도 비견될 수 없는 화려하고 장엄한 석탑으로

19_불국사 다보탑, 통일신라(8세기 중엽),
국보 20호, 경북 경주

20_화엄사 사사자삼층석탑, 통일신라(8세기 후반),
국보 35호, 전남 구례

21_정혜사지 십삼층석탑, 통일신라(9세기),
국보 40호, 경북 월성

22_도피안사 삼층석탑, 통일신라(9세기 후반),
보물 223호, 강원도 철원

23_성주사지 중앙삼층석탑, 통일신라(9세기 후반), 보물 20호, 충남 보령(좌)

24_안동 신세동 칠층전탑, 통일신라(8세기), 국보 16호, 경북 안동(우)

조성되었다. 당시의 조탑 수준은 다보탑 하나로도 충분히 대표될 수 있을 것이다.

통일신라시대 말기에는 기단부가 둥글게 조성된 석굴암 앞 삼층석탑, 기단이 연꽃무늬 불상대좌를 닮은 철원 도피안사 삼층석탑(사진 22), 기단부 위에 탑신 괴임대를 끼운 보령 성주사지 중앙삼층석탑(사진 23) 등이 특수형 석탑으로 조성되었다. 그러나 이 석탑들은 신라 하대에 들어 다소 침체된 석탑의 조형미를 보완하려는 의도에서 일반형 석탑에 약간 변형된 조형미를 부가한 것으로 보인다.

한편 분황사 모전석탑을 계승한 전탑들도 통일신라시대에 계속 세워졌는데 안동의 신세동 칠층전탑(사진 24), 동부동 오층전탑, 조탑동 오층전탑, 칠곡 송림사 오층전탑 등이 현재까지 남아 있으며 비록 소수이나마 고려시대까지 전탑 및 모전석탑의 조영은 계속되었다.

부도

불교에서는 세 가지 성스러운 보배인 불·법·승의 삼보를 숭배하고 있다. 즉 불보는 탑과 불상을 조성하여 공경하고, 법보는 부처님의 가르침을 수많은 경전으로 엮어서 귀하게 보급하고, 승보인 스님은 불법을 전하고 민생을 교화하는 전도자로서 존경의 대상이 되었다. 승보로 공경받던 많은 고승들은 백성의 스승인 국사의 칭호와 국왕의 스승인 왕사의 칭호를 받았다. 그리고 이들은 교화는 물론 불법의 탐구에도 정진하여 외국에까지 이름을 떨치기도 하였다.

덕망 높은 스님이 일생을 마치게 되면 평소에 스님을 받들던 제자와 신도들이 스승의 묘탑인 승탑(부도)과 탑비를 세우게 되었다. 또한 승탑과 탑비는 왕명으로 탑호가 붙여지며, 탑비의 비문은 당대 제일의 문장가가 글을 짓고 명필가가 글씨를 써서 비석에 행적을 새겼다. 이같이 지극한 정성으로 세워진 승탑과 탑비는 특히 신라 하대부터 장엄한 조형으로 완성되어 우리나라 석조미술의 진면목을 이루게 되었다.

승탑의 건립은 탑과 마찬가지로 인도에서 사리불, 목건련 등 제자들의 묘탑으로 처음 조성되기 시작하였으며 우리나라에서는 '부도(浮屠)'라는 명칭으로 널리 알려져 있다. 부도는 '붓다(Buddha)'의 음역이며 원래는 부처님을 가리키는 것이었으나 나중에는 고승을 부처님처럼 존경하여 부도라 일컫게 되었으며 나아가 고승의 묘탑이 곧 불탑과 대등한 부도로 굳어진 듯하다. 우리나라에서는 절의 외곽에 따로 탑원(塔院)을 마련하여 승탑과 탑비를 안치하고 있다.

25_승탑의 세부 명칭

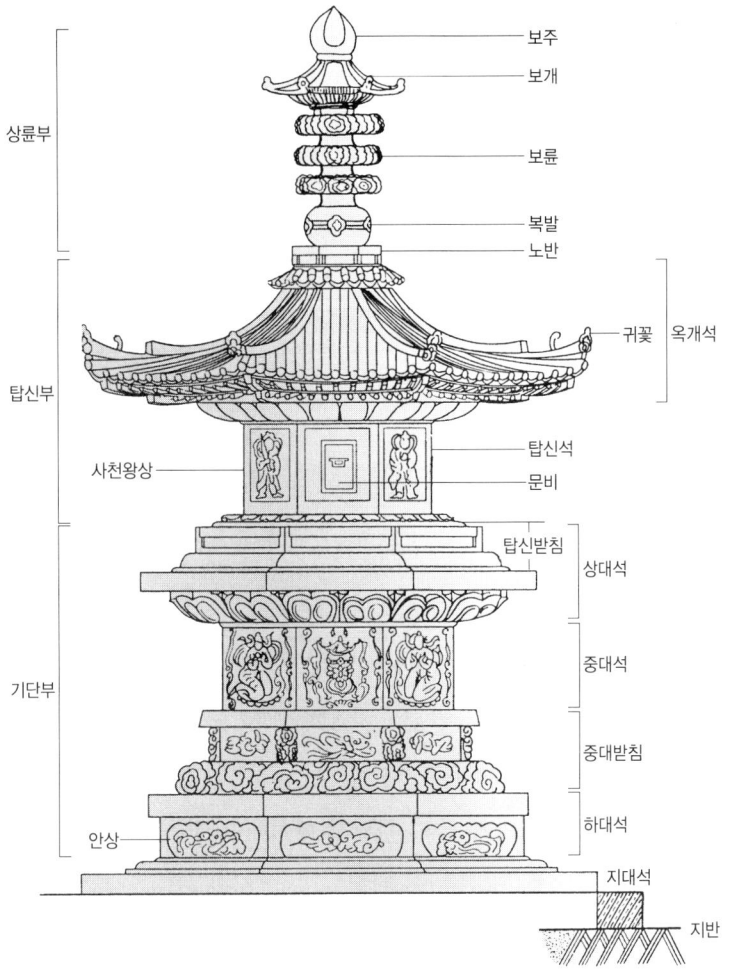

　또한 우리나라 부도의 모양은 조선시대 이전까지 대부분 불탑과는 별개의 형태로 제작되었으며 극히 일부의 부도만이 석탑 모양을 이루고 있다. 그러나 고려시대 후기 이후로는 석당형 부도, 석탑형 부도, 석종형 부도가 나타나기 시작하였고 특히 조선시대 후기에는 간단한 석종형 부도가 크게 유행하였다.

26_염거화상탑,
통일신라(844년),
국보 104호,
국립중앙박물관(좌)

27_태화사지 십이지상부도,
통일신라, 보물 441호,
경남 울산(우)

 부도와 불탑을 비교해 보면 양자가 사리를 봉안한다는 면에서는 같지만 그 형태에 있어 불탑과는 매우 다른 모습을 띠고 있다. 불탑이 절의 중심지역인 법당 앞에 세워지는 데 반해 부도는 사찰 경내의 변두리나 아주 멀리 떨어진 곳에 세워지며 이를 부도전이라 일컫는다.

 부도의 형태(그림 25)를 양식적으로 분류해 보면 팔각원당형·복발형·방형 부도 등이 있다. 팔각원당형은 단층으로 기단·탑신·옥개가 모두 팔각형이다. 옥개는 목조건축의 양식을 모방하여 돌로 만들었으며 기단이나 탑신부에 사자·신장·비천 등을 새긴 것이다. 이 팔각원당형 부도는 우리나라 부도의 대종을 이루고 있으며 신라시대 말기와 고려시대 초기에 많이 제작되었다.

 현재 남아 있는 가장 오래된 것으로는 통일신라시대(844년)에 세워졌고 현재 경복궁으로 옮겨져 있는 전 흥법사 염거화상탑(사진 26)이 있

28_진전사지 부도,
통일신라(9세기),
보물 439호,
강원도 양양(좌)

29_쌍봉사 철감선사탑,
통일신라(886년 경),
국보 257호,
전남 화순(우)

다. 또 이 밖에 장흥 보림사 보조선사탑, 화순 쌍봉사 철감선사탑, 여주 고달사 부도 등이 팔각원당형의 형태를 취한 것들이다.

복발형 부도의 가장 오랜 예로는 경남 울산 태화사 터에 남아 있는 것으로 인도의 둥근탑 양식을 따른 유일한 부도이다(사진 27).

부도는 승려의 묘탑을 석재로 만든 것으로 영구적으로 보존하기 위하여 착안해낸 것인데, 그 전형양식의 정립은 신라 하대에 선종이 들어옴에 따라 조사숭배사상이 짙어졌을 때 이루어진 것이다. 그리하여 그 시원 양식으로는 진전사지 도의선사 부도(사진 28)를, 전형양식으로는 염거화상탑을 들어 팔각원당형임을 알 수 있다.

9세기 후반에 이르러 각 부의 구성과 표면장식이 가장 아름다운 대표작은 쌍봉사 철감선사탑(사진 29)이며, 신라시대 말기에 이르러서는 다소 간략화된 경향을 봉림사 진경대사탑에서 찾아볼 수 있다.

고려시대에 이르러서 초기에는 전대의 전형양식인 팔각원당형을 기본으로 하는 부도가 건조되었다. 그러나 11~12세기에는 전형양식에서 벗어나 평면이 사각형으로 변하고 탑신석 등 부분적으로는 원구형으로 변하는 특수양식의 발생을 볼 수 있다. 그러나 후기에는 전형양식과 특이형이 혼용된 부도도 건조되었으며 이들은 모두 각 부의 구성이나 표면 조각에서 간략화와 둔중함을 느끼게 한다.

조선시대에 이르러서는 당시의 배불숭유라는 상황 속에서도 전대의 여세로 몇 기의 볼만한 팔각원당형의 석조부도가 건조되었으며 임진왜란 뒤에도 몇 기의 볼만한 유품이 있다. 그러나 이들은 모두 전대의 모방에서 그쳤고 창의적인 점은 보이지 않으며 간략화와 둔중함이 눈에 띈다.

한편 팔각원당형의 전형양식과 거의 같은 시기에 건조된 석종형 부도(사진 30)는 고려시대를 거쳐 조선시대 후기에 이르기까지 그 양식이 전승되었는데 조선시대에 이르러서는 선대에 비하여 훨씬 많은 수효를 볼 수 있다. 이것은 석종형 부도의 건립이 팔각원당형 부도의 건조보다 손쉽기 때문이었을 것으로 생각된다.

30_신륵사 보제존자 사리탑, 고려(1379년), 보물 228호, 경기도 여주

석등

석등(石燈)은 원래 집안의 정원을 밝히는 등화구였는데 중국 한나라 때부터는 능묘에도 설치되기 시작하였다. 불교가 도입된 이후로는 진리를 밝히는 상징물로 받아들여 다양한 형태의 석등이 조성되기에 이르렀다. 특히 사찰의 석등은 탑 앞에 배치되는 것을 비롯하여 고승의

31_석등의 세부 명칭

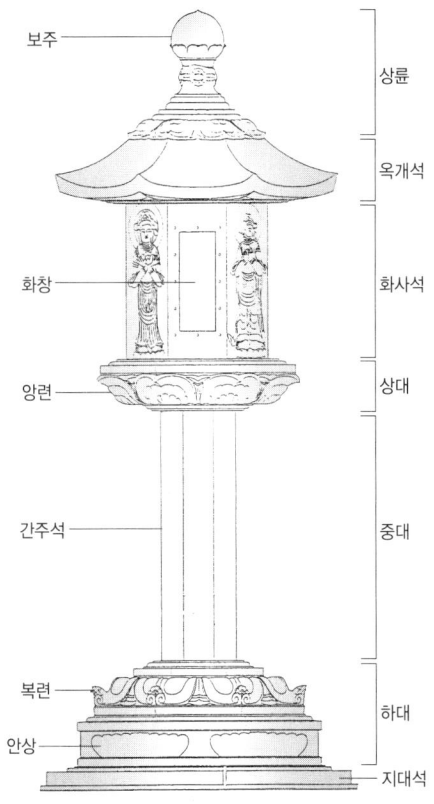

묘탑 앞에도 세워졌고 고려시대부터는 임금과 정승의 능묘 앞에도 장명등(長明燈)이란 이름으로 세워졌다.

　석등의 일반적인 구조(그림 31)는 기둥의 밑에 댓돌을 놓고 중간부는 기둥을 세우며 상단에는 연꽃 받침대를 장식하고 그 위로는 불발기집(火舍石)을 얹게 되어 있다. 기본적인 평면형태는 팔각형을 이루고 있으며 기둥은 팔각기둥, 사자모양, 장구모양 등으로 표현되고 고려시대부터는 사각형, 육각형 석등도 등장하고 있다. 불발기집은 양면, 사면 혹은 팔면으로 불빛창(火窓)을 내고 그 테두리에는 비바람을 막기 위하여 종이나 베를 씌운 창틀을 고정하도록 못구멍을 내었으며 창 주위에는 사천왕이나 보살상을 조각하기도 하였다.

32_부석사 무량수전 앞 석등, 통일신라, 국보 17호, 경북 영주

　현존하는 석등 중 가장 오래된 것은 익산 미륵사지에서 발견된 백제의 석등편을 들 수 있는데 이는 우리나라에서도 사찰 석등의 역사가 매우 오래되었음을 일러주고 있다. 그러나 형태가 완전히 남아 있는 것으로는 영주 부석사 석등을 비롯한 통일신라시대 이후의 석등들이 남아 있다.

　석등의 종류는 크게 주형 석등, 쌍사자 석등, 사각형 석등이 있는데 이를 살펴보면 다음과 같다.

　주형 석등은 우리나라 석등 중에서 가장 일반적인 형태는 팔각기둥형 석등이다. 통일신라시대에 세워진 부석사 석등(사진 32)을 대표적인 예로 들 수 있다. 이 석등은 댓돌 각 면에 두

33_법주사 쌍사자석등,
통일신라, 국보 5호,
충북 보은(좌)

34_관촉사 석등,
고려(967년), 보물 232호,
충남 논산(우)

개씩의 안상을 배치하고 윗면에는 연꽃무늬를 베풀었으며 그 위로 팔각기둥을 세우고 석등받침돌에는 연꽃장식을 하였다. 불발기집에는 사면에 보살상이 새겨지고 상륜부에 보주를 얹어 전체적으로 매우 단정한 느낌을 주고 있다.

쌍사자 석등은 일반적인 팔각 석등과 구조가 비슷하나 기둥을 쌍사자형으로 장식하고 있으며 통일신라시대부터 조성되기 시작한 것으로 추정된다. 통일신라시대의 쌍사자 석등으로는 법주사 쌍사자 석등(사진 33), 광양 중흥산성 쌍사자 석등, 합천 영암사지 쌍사자 석등 등을 들 수 있다. 이 석등들은 한결같이 기둥부분에 마주선 쌍사자를 배치하고 있는데 이는 불법을 호위하는 동물 중에 으뜸가는 사자를 쌍으로 배치하여 진리의 등불을 받들게 함으로써 사자를 배치하는 석탑이나 승탑의 조형을 석등에서도 응용한 듯하다.

　사각형 석등은 대체로 기둥을 제외한 다른 부재, 즉 불발기집과 댓돌 등이 사각형으로 되어 있는데 이러한 석등은 고려시대 이후에 나타나고 있다. 관촉사 석등(사진 34), 현화사 석등 등이 이와 같은 예에 속하며 조선시대의 석등으로는 청룡사 석등, 회암사지 석등이 포함된다. 논산 관촉사 석등, 개성 현화사 석등 등은 둥근 기둥에 장식을 베풀고 불발기집을 개방형으로 나타내었으며 석등의 꼭대기 장식부분인 상륜부가 강조되기도 하였다.

석비

　석비(石碑, 그림 35)란 특정한 장소에서 어떠한 의미를 널리 알리고 또한 그 내용을 길이 보전하기 위하여 영구불변의 재료인 돌을 택하여 그 표면에 새겨 놓은 기념물이다. 그것은 단순한 표지물일 수도 있고 만인이 지켜야 할 법규일 수도 있으며 영원히 기억하여야 할 중요한 인물 또는 사건의 내력일 수도 있다.

　우리나라의 대표적인 석비들 중에는 큰스님들의 행적을 기록한 고승비와 사찰의 내력을 새긴 사적비들이 압도적으로 많다. 우리나라 석비의 발자취를 볼 때 석비는 원시적인 석각에서 출발하여 자연석의 비석을 거쳐 예술적인 비석으로 정착하게 되었다. 우리나라에서는 중국 당나라 문화의 영향으로 예술적인 석비가 조성되기 시작하였으며 신라 하대에 들어 선문조사들의 승비(僧碑)를 세우면서 석비문화가 눈부시게 발전하였다.

　석비는 우리에게 네 가지 중요한 문화적 요소를 전달해 준다. 첫째, 비문 자체가 역사적 사실의 기록으로써 역사 연구에 중요한 자료가 된다. 특히 고려시대 이전의 석비 중에는 역대 고승과 사찰에 대한 중요한 비석들이 많아 성보로 보호받고 있음은 물론 우리나라 불교사를 연구하는 데 매우 귀중한 자료가 되고 있다. 둘째, 석비는 제작연대가 확실한 작품으로 당시의 시대적 예술역량을 정확히 가늠하는 척도가 된다. 따라서 석비는 다른 예술품의 제작편년을 판정하는 기준작품으로서의 중요한 기능을 발휘하게 된다. 셋째, 비문에 새겨진 내용은 그 자

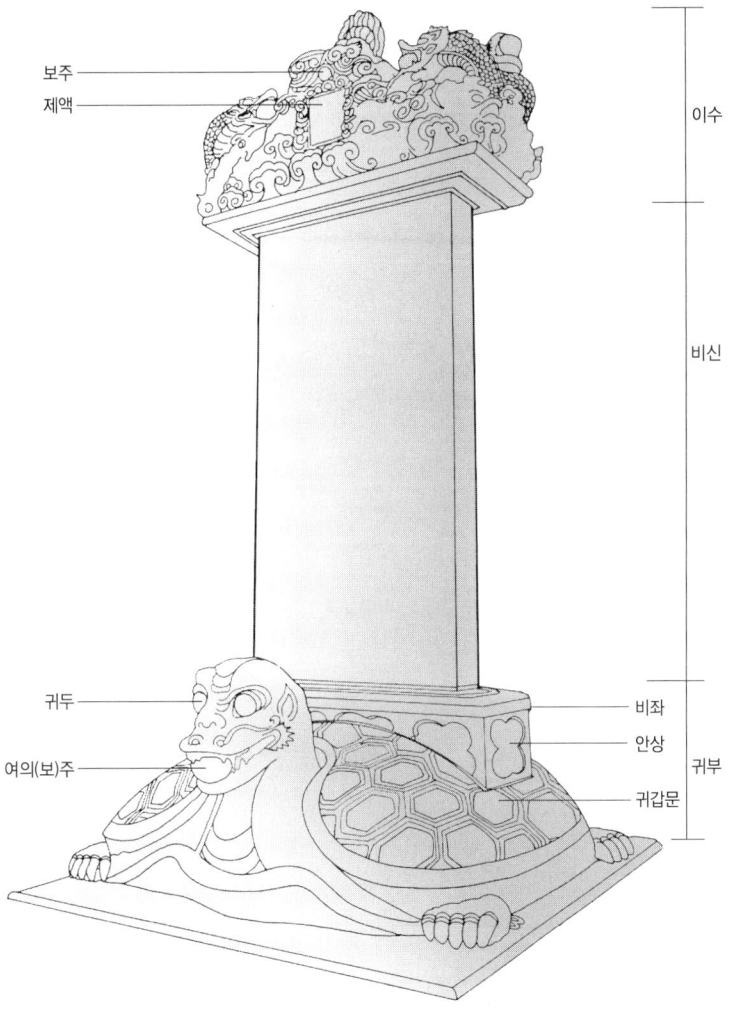

33_석비의 세부 명칭

제2장_불교건축

36_쌍계사
진감선사대공탑비,
통일신라, 경남 하동

체가 명문장으로 기술된 문학작품이다. 이를테면 신라의 문사 최치원의 명문장을 우리는 사산비명(四山碑銘)에서 읽어 볼 수 있다는 것이다. 넷째, 빗돌에 새겨진 글씨는 명필가의 작품으로 서예사 연구에 결정적인 자료가 된다.

최치원의 친필은 오로지 하동 쌍계사 진감선사대공탑비문(사진 36)에서 찾을 수 있으며, 김생의 글씨는 태자사 낭공대사비문에서 유일하게 전해지고 있다. 이처럼 석비는 불교가람의 석조물 중에서도 조영사의 전통이 깊으며 문화재적 가치로서의 중요성도 매우 높다는 것을 재인식할 필요가 있다.

제3장 불교회화

Buddhist Pictures

불화란 무엇인가

불화는 넓은 의미로 볼 때 불교와 관련된 모든 그림을 일컫는다. 불교의 경전에 등장하는 여러 존상들의 예를 들어 부처님, 보살, 신중을 형상화한 그림, 그리고 고승대덕을 기리기 위해 그린 그림, 즉 진영(眞影)은 물론 부처님의 전생 이야기, 부처님의 일대기, 법회의 모습을 그린 그림, 경전에 그려진 그림, 전각의 벽에 그린 벽화 등을 일컫는다. 그리고 여러 전각에 오색(五色)을 기조로 갖가지 문양을 베풀어 장엄하는 이른바 단청도 불화의 범주에 포함시키고 있다.

불화가 지니고 있는 의의는 크게 종교성과 예술성 두 가지 측면에서 살펴볼 수 있다. 불화가 일반 그림과 다른 이유는 바로 불교적인 내용을 담고 있기 때문이다. 단순한 아름다움을 추구하는 것이 아니라 그 속에 불교의 이념이나 사상 등을 알기 쉽고 아름답게 형상화해야 하는 것이다. 그리하여 불화를 통해 불교의 세계를 이해하고 나아가 종교적인 실천행동을 유발하는 것이 불화가 지니는 진정한 의의라고 할 수 있다.

특히 불화는 한 화폭에 다양한 존상을 담을 수 있고 교리의 내용을 여러 가지로 전개할 수 있어서 불상보다 더욱 설명적이므로 불교이해와 교화에 가장 효과적인 분야라고 할 수 있다.

불화가 언제부터 그려졌는지는 확실하지 않으나 경전에서는 부처님이 살아 계실 때인 불교성립 초기부터 불화를 그려 법당을 장엄했다고 기술되어 있다. 그 내용으로 보아 불화는 기원정사에서부터 그렸고, 건물의 용도에 따라 그림의 내용을 달리하였다는 사실을 알 수 있다. 그러나 당시 사원을 장엄한 불화는 지금은 볼 수 없다. 지금까지 남아 있는 불화 중 가장 오래된 것은 인도 아잔타석굴의 벽화로 알려져 있다.

불화의 종류

불화의 종류는 그 방식에 따라 여러 가지 유형으로 나눌 수 있다. 여기서는 크게 세 가지 기준으로 나누어 살펴보고자 한다. 첫째, 그림의 주제가 무엇인가에 따라 나누어 보았다. 둘째, 불화가 주로 어떤 쓰임새로 사용되는가 하는 점에서 기준을 두어 유형을 나누어 보았다. 셋째, 불화가 그려지는 방식 그리고 장황(裝潢, 책이나 서화첩을 꾸며 만듦, 표구)의 형식에 따라서 나누어 보았다.

주제로 본 불화의 종류

불화의 주된 내용, 즉 주제가 무엇이냐에 따라 불화를 구분하는 것으로, 부처님을 비롯한 여러 존상을 형상화한 존상도(尊像圖)와 여러 부처님이 각자의 정토에서 대중과 함께 설법을 베푸는 광경을 표현한 설법도(說法圖)-예컨대 석가여래의 영산회상(靈山會上), 아미타여래의 미타회상(彌陀會上), 약사여래의 약사회상(藥師會上) 등-가 있다. 그리고 각 경전의 내용을 도설(圖說)한 변상도(變相圖)나 부처님의 전생 이야기인 본생담을 주제로 한 본생도(本生圖)와 석가여래의 일생을 주제로 그린 불전도(佛傳圖) 등으로 나누어 볼 수 있다. 이 밖에도 각 종파에 따라 교종의 그림, 선종의 그림, 밀교의 그림 등으로 유형을 나눌 수 있다.

1. 존상도

각 경전에 등장하는 불, 보살, 명왕, 신중 등 여러 존상 가운데 대중의 신앙대상 또는 귀의처가 되는 존상을 그림으로 형상화한 것을 존상도(尊像圖)라 한다. 존상도는 존상 1위만을 홀로 그리는 경우와 다른 존상과 함께 여럿이 그리는 경우가 있다. 이때 존상을 단독으로 표현한 경우를 독존도(獨尊圖)라 하며, 존상이 2위가 나란히 그려질 경우에는 병존도(竝尊圖)라 하고, 존상이 3위일 경우에는 삼존도(三尊圖), 5위일 경우에는 오존도(五尊圖), 7위일 경우에는 칠존도(七尊圖), 9위일 경우에는 구존도(九尊圖)라 한다.

이 밖에도 넓은 의미로 역대 조사를 그 계보에 따라 그린 조사도 또한 존상도에 포함시킬 수 있겠고, 이를 근거로 고승대덕의 모습을 그린 진영도 존상도에 포함시킬 수 있을 것이다.

2. 회상도

부처님이 진리를 설하는 모임을 법회라 한다. 모든 경전은 기본적으로 설법의 광경을 언어로 기록한 것이다. 경전을 독송하거나 듣는 이는 부처님이 법을 설하는 바로 그 자리에 참석한 청법중이 되어 부처님과 항상 함께 하고 있으며, 여시아문의 존재 또한 아난존자이자 바로 법을 듣는 나 자신이라는 상징성을 나타내고 있다.

이러한 법회의 상징성을 그림에 담고 있는 것이 바로 설법도(說法圖)이다. 경전에 따라 비록 법회의 장소가 달라지고 청법의 주인공이 바뀔지라도 법회가 진리를 설하는 모임임에는 근본적으로 다를 바가 없다.

이러한 법회의 상징성을 구체적으로 형상화한 것을 일러 회상(會上)이라고 한다. 영산회상이란 석가여래가 영취산에서 베푼 법회를 상징하며, 미타회상이란 아미타여래가 극락정토에서 베푸는 법회를 상징하며, 약사회상이란 약사유리광세계에서 약사여래가 베푼 법회를 상징한다.

3. 변상도

불교의 그림은 근본적으로 부처님의 가르침을 떠나 따로 존재할 수 없다. 따라서 불교의 모든 그림은 경전의 내용에 바탕을 두고 있다고 말할 수 있다. 경전의 내용, 즉 진리를 표현하되 그 내용을 방편(方便)으로 변화하여 나타내는 것이다.

변상도(變相圖)의 특징은 장황한 경전의 내용이나 심오한 교리적 의미를 한 폭의 그림 또는 한 권의 경전 속에 요약, 함축하여 표현하는 데 있다. 변상도는 경전의 내용에 따라 다양하게 나타난다. 그런데 우리나라에서는 변상도라 하면 사경(寫經)이나 경판으로 찍어낸 판경(版經)을 떠올린다.

4. 심우도

심우도(尋牛圖)는 선종에서 수행의 과정을 소와 동자를 등장시켜 마치 소를 길들이는 일에 비유하여 그린 그림이다. 이 그림은 모두 10장면(景)으로 구성되었는데 각 장면은 1단계에서 10단계까지 점층적으로 이어지게 구성되어 있으므로 십우도(十牛圖)라고 일컫기도 한다.

심우도는 중국 송나라에서 그 기원을 찾을 수 있으며 두 가지 이본

(異本)이 오늘날까지 전해지고 있는데 보명(普明)의 심우도와 곽암(廓庵)의 십우도가 그것이다. 우리나라에도 이 두 가지가 모두 전하고 있으나 보명의 심우도가 주류를 이루고 있다.

보명의 심우도는 마지막 단계 제10상에서 일원상(一圓相)을 묘사하고 있는 데 비해, 곽암의 십우도는 10경 모두를 처음부터 끝까지 원상(圓相) 안에다 묘사하고 있는 점이 다르다. 그리고 보명의 것은 그 명칭을 목우도(牧牛圖)라 부르고, 곽암의 것은 십우도라 부르고 있다.

심우도의 내용은 깨달음(悟道)을 소에 비유하고 동자를 구도자로 내세워 소를 찾아 길들이는 것을 수행 또는 구도의 길로 비유하고 있다. 소치는 동자가 소를 찾아 산 속에서 이리저리 헤매는 광경을 시작으로 소의 발자국을 따라가 소를 찾아서는 길들여 소를 타고 집으로 돌아오는 과정을 거쳐 마침내 깨달음을 이루는 선의 최고 경지를 그림으로 나타내고 있다. 각 장면마다 송(頌)이 붙여져 있다.

쓰임새로 본 불화의 종류

불화를 그려 모시는 데는 여러 가지 이유가 있지만 쓰임새로 볼 때 예배용, 교화용, 장엄용으로 나누어 볼 수 있다. 그러나 특정한 불화를 한 가지 용도로 제한할 수는 없다. 예배용 불화이면서 장엄적인 역할도 하고, 또한 교화의 역할도 겸한다고 할 수 있다. 이러한 분류는 불화가 봉안되는 위치, 또는 그것이 지니는 내용 등으로 보아 가장 핵심적인 용도를 중심으로 구분한 것이다.

1. 예배용 불화

오늘날 사찰에서 예배의 주된 대상은 불상이다. 우리나라 사찰의 법당에는 그 성격에 따라 다양한 불상들이 봉안되며, 불상 뒤에는 그 성격과 용도에 맞는 불화를 봉안하여 함께 예배하고 있다. 예를 들어 대웅전에는 석가여래와 영산회상도, 극락전에는 아미타여래와 극락회상도, 대적광전에는 비로자나삼신불상과 비로자나삼신불회도 등을 함께 봉안하는 것이 통례이다. 이렇게 불상 뒤에 봉안하는 불화를 후불탱화(後佛幀畵)라고 하는데 이는 불상과 함께 예배의 대상이 된다.

이들 예배용 불화는 불교의식과 매우 밀접한 관련을 맺고 있다. 오늘날 사찰의 전각에 장엄된 불화는 불교의식의 구성 내용과 절차에 알맞은 그림을 조성하여 예배하기 마련이다. 이른바 분단법(分壇法)에 따라 불화의 유형도 분류할 수 있다.

또한 옥외에서 거행하는 의식에는 불상을 봉안할 수 없으므로 괘불탱(掛佛幀)을 모셔 예배한다. 괘불탱은 대체로 10미터 내외의 거대한 크기를 지닌 불화로 법당 앞에 괘불대를 설치하고 봉안한다(사진 1). 규모가 큰 의식에 주로 봉안하며, 괘불탱 중에는 연대가 오래되고 우수한 불화가 많은 편이다.

우리나라에는 흔하지 않지만 티베트 등지에서 밀교적인 의식에 사용하는 만다라도 예배용 불화로 볼 수 있다.

2. 교화용 불화

교화용 불화란 불교경전의 내용을 그려서 교리를 쉽게 이해하고 나아가 감동을 불러일으켜 교화하는 불화를 일컫는다. 예를 들어 부처님의 일대기인 불전도나 전생의 이야기를 그린 본생도는 불교의 기본적인 설화로, 이러한 설화그림은 인도의 초기불교미술에서부터 대중교화에 큰 역할을 하였다. 이러한 불화 가운데 팔상도(八相圖)는 조선시대에 널리 유행한 대표적인 불전도이다.

또한 죄를 지으면 그 업장에 따라 심판을 받고 지옥에 떨어진다는 내용을 그린 시왕도(十王圖), 반대로 선업(善業)을 쌓고 열심히 염불하고 수행하면 극락으로 인도된다는 내용을 그린 아미타래영도(阿彌陀來迎圖), 성반(盛飯)을 차려 부처님께 재를 올려 죽은 이의 영혼을 천도하는 내용을 그린 감로왕도(甘露王圖)와 같은 불화는 불교사상을 쉽게 풀이한 그림으로 대표적인 교화용 불화라고 할 수 있다.

특히 경전에 포함되어 있는 경변상도(經變相圖)는 교리의 내용을 그림으로 알기 쉽게 표현했다는 점에서 교화용 불화 중 으뜸이라고 할 수 있다.

1_쌍계사 괘불, 조선, 경남 하동

3. 장엄용 불화

　기원정사에 불화를 그린 사실에서 볼 수 있듯이 처음 불화를 그린 이유는 법당을 장엄하기 위해서이다. 장엄이라는 말은 단순히 아름답게 꾸미는 것만이 아니라 불교적인 내용을 담아 아름다우면서도 신성한 분위기를 조성한다는 의미이다.

　장엄용 불화의 대표적인 예는 천장이나 기둥, 문 등에 그려진 단청이라고 할 수 있다. 단청은 원래 건물에 그려진 그림을 총칭하는 것으로 벽화도 포함하였다. 그러나 요사이는 후불벽, 좌우 측벽 등과 같은 주요 벽면에 그린 특정한 주제의 불화를 벽화로 부르고, 단청은 주로 건물의 나무부재에 그려진 도안적인 그림을 일컫는다. 단청은 용이나 호랑이와 같은 서수(瑞獸), 봉황이나 가릉빈가와 같은 서조(瑞鳥)와 연꽃이나 당초문과 같은 식물무늬를 주로 그린다. 특히 천장에는 연꽃을 도안적인 형태로 그리고, 악기를 연주하거나 꽃이나 향을 공양하는 비천 등을 그려 법당의 종교적인 분위기를 고조시키고 있다.

형태와 재료로 본 불화의 종류

1. 탱화

　우리나라에 현재 남아 있는 불화 가운데 대부분은 비단이나 삼베, 모시, 또는 면포(綿布)나 종이 바탕에 그림을 그리고 족자나 액자 형태로 표장(表裝)하여 불단을 비롯한 의식단(儀式壇)의 벽에 걸어 봉안한 그림이 대부분이다. 이런 그림을 일러 탱화(幀畵) 또는 후불탱, 삼신탱, 약사탱 등이라 일컫고 있다.

벽에 직접 그리는 벽화는 이동할 수 없지만 탱화는 액자나 족자 형태 등 별도의 화폭에 그려지므로 이동이 가능하다. 사찰에는 다양한 성격을 지닌 여러 전각이 있는데 각 전각의 성격에 맞는 탱화를 그려 봉안한다.

2. 벽화

벽화(壁畵)는 전각을 장엄하기 위해 그 내외 벽면에 직접 그린 그림을 말한다. 전각은 부처님을 봉안하는 곳이다. 다시 말해 부처님의 정토를 인간 세상에 형상화한 공간이라고 할 수 있다. 그러므로 종교적인 분위기가 충만하도록 아름답고 숭고하게 장엄한다. 벽화는 벽면의 재질에 따라 토벽화(土壁畵), 석벽화(石壁畵), 판벽화(板壁畵)로 나눌 수 있다.

우리나라 사찰의 전각은 나무로 가구(架構)를 엮고 이들 사이에 생긴 공간에 흙으로 벽을 만들고 그 위에 벽화를 그리므로 대다수가 토벽화이다. 벽화는 건물의 수명과 연관되므로 건물이 훼손되면 벽화도 손상을 입게 마련이다. 우리나라는 여러 차례 전란을 겪어서 연대가 오래된 전각과 벽화가 그다지 많지는 않다.

지금까지 남아 있는 사찰의 벽화 중에서 주목되는 것은 고려시대에 그려진 경상북도 영주 부석사 조사당의 범천·제석천도와 사천왕도가 있고, 경북 안동 봉정사 대웅전의 영산회상도(1435년경), 전남 강진 무위사 극락전의 아미타후불벽화(1476년, 사진 2)와 아미타래영도·설법도·관음도, 경남 양산 통도사 영산전의 보탑도, 경남 양산 신흥사 대

2_무위사 벽화,
조선(1430년),
전남 강진

광전의 아미타여래도와 약사삼존도, 전북 고창 선운사 대웅전 후불벽화(1840년) 등이 유명하다.

또한 기둥이나 천장 등과 같은 부재에 용, 연꽃 등 도안적인 그림을 그려 장엄하는 것을 단청이라고 한다. 단청은 전각을 아름답고 숭고한 분위기로 장엄하는 역할을 하지만, 채색과 기름을 덧입혀 목재를 보호하고 조악한 면을 감추는 기능도 겸한다.

3. 경전화

경전은 손으로 직접 베껴 쓴 사경과 나무와 같은 판에 새겨서 찍어낸 판경이 있다. 이러한 경전에는 가장 핵심적인 내용이나 본문을 압축한 경전화(經典畵)가 실려 있어 경전의 내용을 쉽게 이해할 수 있게 한다. 이들은 경전의 내용을 그림으로 표현하였으므로 흔히 변상도라고도 부른다.

전각에 장엄된 불화

각 전각에 설치된 의식단은 불교의식의 분단법에 따라 크게 삼단(三壇)으로 나누어진다. 삼단이란 상단·중단·하단을 일컫는데, 각 단은 다시 상중하로 분화되기도 한다. 대체로 삼단을 나누면 상단은 불단으로 불보살을 모신 단이며, 중단은 신중단(神衆壇)이라 하여 신중을 모신 단이며, 하단은 영가를 모신 영단(靈壇)이 된다. 따라서 각 단에 따라 거기에 장엄되는 불화의 유형도 달라진다.

금당의 경우 상단인 불단의 뒷벽에 장엄되는 탱화를 후불탱이라 한다. 후불탱의 그림 내용은 전각에 봉안된 상설(像設)의 내용에 따라, 다시 말해 주존(主尊)에 의해 구분되고 명칭도 그에 알맞게 붙여진다. 중단은 신중단이므로 거기에 장엄되는 탱화는 신중탱이 된다. 때때로 신중탱 대신 삼장탱(三藏幀)이 장엄되는 경우도 볼 수 있다. 하단은 영가의 위패를 모신 영가단이므로 여기에 장엄되는 탱화는 영가를 천도하는 내용을 담은 그림, 즉 감로탱이 모셔진다.

명부전의 경우 상단은 지장삼존상을 봉안하며 그 뒤쪽 벽에는 지장탱이 장엄된다. 중단은 상단을 중심에 두고 좌우로 나뉘는데 시왕상이 소목(昭穆, 종묘에 신주를 모시는 차례)에 따라 좌우로 모셔진다. 동자상이 시왕마다 시종(侍從)하며, 중단의 뒤쪽 벽에는 시왕탱이 장엄된다. 하단에는 판관, 귀왕, 사자, 장군상이 봉안되며 그 뒤쪽 벽에는 사자탱(使者幀)이 장엄된다.

또한 예배 대상의 위격과 분단법에 따라 전각에 장엄된 탱화의 유형을 크게 여래 계열, 신중 계열, 나한 계열, 명부중 등으로 나눈다.

여래 계열

여래 계열 그림이란 금당의 상단에 모셔진 주존에 따라 석가여래, 비로자나여래, 아미타여래, 약사여래, 미륵여래 등 우리나라에서 널리 신앙되는 여래와 각 여래에 속하는 그림을 통틀어 말한다.

1. 석가여래 그림(釋迦牟尼佛畵)

• **영산회상도**

대웅전에는 석가모니불상과 불화를 봉안한다. 석가모니불화는 부처님이 영취산에서 『법화경』을 설하는 법회의 장면을 그린 불화로 영산회상도(靈山會上圖, 사진 3)라고도 한다. 도상은 본존인 석가모니불이 수미단의 연화좌 위에서 결가부좌한 모습으로 중앙에 자리하고 있으며, 오른손으로 땅을 가리키는 모양의 항마촉지인을 취하고 있다. 본존을 중심으로 협시인 문수와 보현보살을 비롯한 보살중(菩薩衆), 십대제자와 분신불이 좌우에 배치되며, 아래에는 사천왕, 위쪽에는 팔부중이 역시 좌우로 배치되어 있어 법회를 외호하는 형상을 취하고 있다. 이들 권속은 대체로 본존의 주위를 둘러싸고 있으며 좌우대칭적인 구도를 이룬다. 여기에 『법화경』에서 질문자로 나오는 사리불이 본존의 대좌 앞에서 석가모니불을 향해 무릎을 꿇고 앉아 질문하는 장면이 첨가되기도 한다.

또한 대웅전에는 이러한 영산회상도 외에 중앙에 석가여래, 왼쪽(향

3_ 영산회상도,
 조선(1742년),
 국립중앙박물관

4_ 직지사 삼불회도,
 조선(1744년),
 보물 670호,
 경북 김천

 아미타여래(좌),
 석가여래(중),
 약사여래(우)

5_통도사
팔상도(비람강생상),
조선(1775년),
경남 양산

우)에 약사여래, 오른쪽(향좌)에 아미타여래의 삼불회도(三佛會圖, 사진 4)를 봉안하기도 한다. 석가모니불화는 대웅전 외에도 영산전, 팔상전, 응진전이나 나한전 등의 후불화로도 봉안된다.

- **팔상도**

팔상도(八相圖, 사진 5)는 석가여래의 전기를 여덟가지 장면으로 압축 묘사한 그림으로 팔상전(八相殿)에 봉안한다. 본존은 석가여래이므로 석가모니후불화를 봉안하고, 좌우 각 4폭씩 배치하는데 본존의 왼쪽(향해서 오른쪽)에는 도솔래의상, 사문유관상, 설산수도상, 녹원전법상을, 오른쪽에는 비람강생상, 유성출가상, 수하항마상, 쌍림열반상을 봉안한다.

2. 비로자나불 그림 (毘盧舍那佛畫)

비로자나(毘盧舍那, Vairocana)는 '광명이 두루 비친다'는 뜻이므로 비로자나불은 무한한 불(佛)의 광명을 어디에나 비치게 하는 부처님으로 궁극적인 불신(佛身), 즉 진신(眞身) 혹은 법신(法身)을 의미한다. 비로자나불은 화엄종의 주불이므로 주로 화엄종 사찰에서 본존으로 봉안한다. 신라 하대에는 선종 사찰에서도 본존으로 봉안하였다.

- **삼신탱**

삼신탱(三身幀, 사진 6)은 대적광전 혹은 대광명전에 봉안되며 주로 3폭으로 이루어진 비로자나삼신불화(毘盧舍那三身佛畫)를 봉안한다. 삼신은 법신(法身)·보신(報身)·화신(化身)을 일컫는 것이다. 법신은 부처의 진신, 즉 영겁토록 변치 않는 만유의 본체로서의 진리를 말하고, 보신

① 석가모니불, ② 비로자나불, ③ 노사나불

6_해인사 삼신탱,
조선(1885년),
경남 합천

은 인연에 따라 나타난 불신, 화신은 중생을 구제하기 위해 스스로 몸을 변화하여 중생의 모양이 된 불신을 말한다. 이 삼신을 그린 삼신불화에서 법신은 비로자나불, 보신은 노사나불, 화신은 석가모니불로 표현한다. 법신 비로자나불은 지권인(智拳印)을 취하며, 협시보살은 석가모니불과 마찬가지로 문수와 보현보살이다. 보신 노사나불은 양손을 벌리고 설법인을 취하며 주로 보관을 쓴 보살형으로 표현한다. 화신 석가모니불은 항마촉지인을 취하며 영산회상도와 같은 도상이다.

7_선암사 화엄탱, 조선(1780년), 전남 순천

• **화엄탱**

화엄탱(華嚴幀, 사진 7)은 『대방광불화엄경(大方廣佛華嚴經)』의 내용을 표현한 그림으로 화엄전에 봉안한다. 우리나라에서는 80권으로 번역된 80화엄이 주로 유통되었는데, 이는 일곱 군데에서 행하는 아홉 번의 법회로 구성된다. 화엄경변상도는 이 아홉 번의 법회의 장면을 묘사한 것이어서 칠처구회도(七處九會圖)라고도 한다.

3. 아미타여래 그림 [阿彌陀佛畵]

아미타여래는 십겁(十劫) 이전에 성불하여 현재 서방극락세계에서 대중을 위해 설법하고 있는 부처님이다. 아미타여래는 무한한 광명[無量光]을 비추고, 목숨이 끝이 없다[無量壽]는 두 가지 성격을 지니고 있으므로 무량광불(無量光佛) 또는 무량수불(無量壽佛)이라고도 한다. 아미타불신앙은 살아서는 무병장수하고 죽어서 극락왕생하기를 기원하는 인간의 가장 기본적인 갈망을 해결해 주는 성격을 지니고 있어 오랫동안 가장 널리 성행하던 신앙 중 하나이다. 이러한 신앙의 내용을 그림으로 표현한 것이 아미타극락회상도·아미타래영도·관무량수경변상도 등이며, 아미타불화를 봉안한 전각은 극락전·무량수전·아미타전으로 부르는데 대웅전 못지 않게 많은 전각이 남아 있다.

• 극락회상도

극락회상도(極樂會上圖, 彌陀會幀, 사진 8)는 아미타불이 서방극락에서 설법하고 있는 모습을 그린 불화이다. 화면의 중앙에 아미타불이 설법하고 있고 그 주위에 권속이 배치되는 방식은 석가여래의 영산회상도와 유사한 구성이다. 아미타여래의 협시보살은 관음보살과 세지보살이지만 우리나라에서는 세지보살 대신 지장보살이 오른쪽 협시보살이 되기도 한다.

고려시대에는 아미타독존도·아미타삼존도·아미타구존도가 많이 제작되었고, 조선시대 사찰의 극락전에는 극락회상도가 주로 봉안되었다. 또한 대웅전의 삼불회(三佛會) 중 왼쪽에 아미타극락회상도를 봉안하기도 한다.

8_천은사 극락회상도,
  조선(1776년),
  보물 924호,
  전남 구례

9_무위사 아미타래영도,
  조선(1430년),
  전남 강진

제3장_불교회화 · 115

• 아미타래영도

서방극락에 왕생하기 위해서는 아미타불의 명호를 외는 염불수행을 열심히 해야 하는데, 그러면 아미타불이 내려와서 서방극락으로 맞이해 간다고 한다. 이렇게 아미타여래 등이 왕생자를 서방극락으로 맞이해 가는 모습을 그린 그림을 아미타래영도(阿彌陀來迎圖, 사진 9)라고 한다. 아미타래영도에도 설법도와 마찬가지로 여러 가지 형식이 있다. 아미타여래가 단독으로 맞는 아미타독존래영도, 아미타 삼존이 맞이하는 아미타삼존래영도, 아미타여래와 팔대보살이 맞이하는 아미타구존래영도, 여러 성중(聖衆)들이 함께 맞이해 가는 아미타성중래영도, 그리고 왕생자들을 용선(龍船)에 싣고 인로왕보살(引路王菩薩)과 관음보살 등이 아미타불에게 인도해 가는 용선래영도(龍船來迎圖) 등이 있다.

• 관경변상도

관경변상도(觀經變相圖, 사진 10)는 아미타사상의 기본경전인『정토삼부경』중 가장 발달된 형태라고 할 수 있는『관무량수경』의 내용을 그린 것이다. 관경변상도는 다시 서분변상도(序分變相圖)와 본분변상도(本分變相圖)로 구분된다.

서분변상도는 석가모니 부처님이 이 경전을 설법하게 된 동기인 위제휘 왕비와 빔비사라 왕, 그리고 아들인 아사세 태자 사이에 얽힌 마가다 왕국의 비극적인 이야기를 그린 것이다.

본분변상도는 16관변상도라고도 하며 석가여래가 16가지 극락세계의 장엄함을 관상(觀想)하고 수행하게 하여 위제휘 왕비와 그 일행을 구제하는 내용이다.

10_관경16관변상도, 고려, 일본 사이후쿠지(西福寺)

4. 약사여래 그림 [藥師佛畵]

• 약사회탱

약사여래는 동방유리광세계의 교주로서 온갖 병고를 치유하고 수명을 연장해주며, 모든 재난을 없애서 중생들을 고통에서 벗어나게 해주는 부처님이다. 질병은 인류의 가장 큰 고통 중 하나이고, 특히 의료기술이 부족한 옛날에는 공포의 대상이라고 할 수 있을 것이다. 이러한 질병의 고통에서 벗어나고자 하는 기원이 약사신앙 성립의 배경이다.

약사여래의 도상은 왼쪽 손바닥 위에 약사여래의 상징인 약그릇을

11_통도사 약사회탱,
조선(1775년),
경남 양산

올려놓고, 오른손으로는 설법인이나 시무외인의 자세를 취하며, 협시보살은 일광과 월광보살이다. 약사회탱(藥師會幀, 藥師琉璃光如來說法圖, 사진 11)에는 약사여래와 협시보살을 그린 약사삼존도, 여기에 십이신장 등의 권속을 첨가한 약사불회도 등의 형식이 있다. 십이신장은 갑옷을 입고 각기 칼, 추, 도끼 등의 무기를 든 무장형으로 표현되며 각각 몸의 색을 달리하고 있다.

약사여래도는 약사전에 봉안되거나 대웅전에 삼불회의 한 폭으로 봉안되기도 한다.

5. 미륵여래 그림(彌勒佛畵)

미륵은 미래에 성불한다는 수기(授記)를 받아 현재는 수미산 정상의 도솔천에서 중생을 교화하는 보살로, 석가모니 부처님의 입멸 후 이 세상의 용화수(龍華樹) 아래에 내려와서 붓다가 되어 세 번 설법한다는 미래불이다.

현재 우리나라에 전해지는 것은 고려시대에 제작된 미륵하생경변상도(彌勒下生經變相圖, 사진 12) 2점과 조선시대에 그려진 통도사 용화전의 미륵여래탱이 있다. 미륵하생경변상도를 보면 미륵불이 용화수 아래에서 설법하는 장면과, 미륵이 붓다가 되어 하생한 시두말대성(翅頭末大城)의 풍려하고 비옥한 모습, 미륵에게

12_ 미륵하생경변상도, 고려(1350년), 일본 신노인(親王院)

귀의하는 전륜성왕 부부의 모습 등이 묘사되어 있다.

6. 천불탱

천불사상은 대승불교의 누구나 다 성불할 수 있고, 언제 어디서나 부처가 존재한다는 다불사상을 극대화한 것이다. 천불도는 삼천불(과거·현재·미래천불)을 모두 그리기도 하고 현재천불만 그리기도 하며, 천불전이나 삼천불전에 봉안한다. 천불탱(千佛幀)은 한 폭이나 두 폭 혹은 네 폭으로 나누어 그리기도 하는데, 작은 불상을 화폭에 정연히 그리며 대체로 상반신만을 묘사하고 손모양만 다양하게 변화를 준 모습이다.

보살 계열

1. 관음보살도

관음보살은 관세음보살(觀世音菩薩), 관자재보살(觀自在菩薩) 등으로 불리며 현세의 온갖 고난에서 중생을 구제해주는 자비의 보살이고, 중생을 제도하기 위해 각각의 대상에 알맞은 모습으로 자신의 몸을 변화하는 특성이 있다.

관음보살도(觀音菩薩圖)의 도상은 보관에 화불(化佛)을 표현하며 보주 혹은 보병을 지니기도 한다. 관음에 대한 신앙이 발달함에 따라 성관음, 십일면관음, 불공견삭관음, 천수관음, 마두관음, 준제관음, 여의륜관음, 양류관음, 수월관음, 백의관음 등 몸을 여러 모습으로 변화시킨

다양한 변화관음들이 조성된다(사진 13).

현세의 고통을 구제해주는 자비의 화신으로 일컬어지는 관음보살은 아미타여래의 협시보살일 뿐만 아니라 단독으로 신앙되어 원통전(圓通殿) 혹은 관음전(觀音殿)의 본존으로 봉안되기도 한다. 따라서 관음보살도는 단독의 관음도로도 많이 그려지며, 특히 고려시대 이래 수월관음도(水月觀音圖, 사진 14)가 많이 제작되었다. 현존하는 고려불화 중에는 관음보살도가 가장 큰 비중을 차지하고 있다.

13_관음32응신도,
조선(1550년),
일본 지온인(知恩院)

2. 지장보살도

지장보살은 석가모니불이 열반한 후 56억 7천만년이 경과한 뒤 미래불인 미륵이 이 세상에 출현할 때까지의 무불시대(無佛時代)에 일체의 중생을 구제하도록 석가여래로부터 의뢰받은 보살이다. 모든 장소에서 몸을 변화하여 나타나 육도윤회에서 고통받는 중생을 구제해주는 구세주로서 신앙된다. 특히 육도 중 가장 혹심한 고통을 받는 지옥의 중생을 구원하는 것을 서원으로 삼고 있는 명부신앙의 주인공으로서 오래 전부터 깊이 신앙되어 왔으며 명부전의 주존으로 봉안된다.

지장보살도(地藏菩薩圖)의 도상은 여느 보살들과는 달리 머리를 깎은 성문비구형(聲聞比丘形)이며, 두건을 쓴 모습으로도 표현된다(사진 15). 결가부좌 혹은 반가좌를 취하고 앉아 있으며 지물로는 석장과 보주(寶

14_수월관음도, 고려(1323년), 일본 센오쿠 박물관

15_북지장사 지장보살도,
조선(1725년),
국립중앙박물관

16_마곡사 삼장보살도,
조선(1788년), 충남 공주

제3장_불교회화 • 123

珠)를 지닌다. 협시는 도명존자와 무독귀왕이다.

3. 삼장보살도

지장보살신앙이 확대된 것이 삼장보살이다. 이는 천장(天藏), 지지(持地), 지장(地藏)보살을 일컫는 것으로 법신 · 보신 · 화신불로 이루어진 비로자나삼신불과 같은 삼신불의 논리를 지장보살에게 적용하여 성립되었다고 해석할 수 있다. 삼장보살도(三藏菩薩圖, 사진 16)의 도상은 중앙에 천장보살과 권속, 오른쪽에 지지보살과 권속, 왼쪽에 지장보살과 권속을 표현하는데, 이는 우리나라에서 형성된 독특한 불화이다.

나한 계열

나한 계열 그림이란 기본적으로는 나한신앙의 전개에 따라 그려진 그림을 일컫는다. 나한을 주제로 그린 그림으로는 십육나한도와 오백나한도가 널리 유행하였다. 여기에서는 나한도의 개념을 확대하여 십대제자나 한 종파를 처음으로 연 조사를 비롯한 고승대덕을 기리기 위해 그린 그림까지도 나한 계열의 그림으로 분류하였다.

나한은 석가모니불의 열반 후 미륵불이 나타나기 전까지 열반에 들지 않고 이 세상에 남아 불법을 수호하고 중생을 제도하도록 위임받은 존재이다. 부처의 가르침을 듣고 깨달은 성문(聲聞) 중 가장 높은 단계인 아라한과(阿羅漢果)에 이른 스님들로서, 세상의 존경을 받고 공양을 받을 만한 성자(聖者)라는 의미에서 응공(應供)이라고 한다.

우리나라에서는 주로 십육나한을 그리며 응진전(應眞殿) 혹은 나한전에 석가여래후불화와 함께 봉안한다. 나한도는 이국적인 모습, 탈속한 모습, 자유자재의 다양한 자세, 용 같은 신령스러운 동물을 자유로이 다루는 도인적인 모습 등 도상이 다양하고 자유스러워 회화성이 강한 불화이다(사진 17).

십육나한도 외에 빈두로존자만을 그린 단독의 나한도를 독성도(獨聖圖)

17_송광사 나한도, 조선, 전남 순천

라고 하는데, 천태산을 배경으로 노비구가 석장을 짚고 앉아 있는 모습을 그린다. 독성도는 독성각을 지어 봉안하거나 주불전의 입구 쪽에 봉안하기도 한다.

신중 계열

신중(神衆)이란 불법을 수호하는 신들을 통틀어 부르는 말이다. 대승불교가 전개되면서 불교는 힌두교의 신을 비롯하여 토속신들도 수용하여 불법을 수호하는 호법신으로 삼았으며 나아가 불교가 인도에서 중앙아시아 또는 동남아시아 그리고 중국을 거쳐 우리나라에 전래되면서 각 나라나 민족의 고유한 신들이 불교의 신앙체계로 수용되어 매우 다양한 변화의 모습을 나타내었다. 신중 계열 그림이란 이들 신중을 그린 그림을 통틀어 말한다.

18_신중탱,
조선(1855년),
국립중앙박물관

1. 신중탱

신중탱(神衆幀, 사진 18)은 불법을 수호하는 신들을 그린 것으로 사찰의 크고 작은 전각 안에 거의 빠짐없이 봉안되는 불화이다. 신중은 본래 인도 재래의 토속신이 불교신으로 수용된 것이다. 인도의 신뿐만 아니라 중국이나 우리나라에서 수용된 시왕, 칠성, 산신 역시 토속신이 불교화된 것이다. 또한 불법수호의 기능이 호국의 기능으로 확대되면서 신중은 단순한 호법신이 아닌 국가를 수호하는 신으로 인식되어 나라가 위기에 처했을 때 신중에 대한 신앙이 성행하였다.

2. 사천왕탱

사천왕은 수미산의 사방을 지키는 호법신으로 동방 지국천왕(持國天王), 남방 증장천왕(增長天王), 서방 광목천왕(廣目天王), 북방 다문천왕(多聞天王)이다. 사천왕탱(四天王幀)은 갑옷을 입고 무장하여 비파·칼·활·탑과 같은 지물을 들고 있으며 사찰 입구 천왕문(天王門)에 봉안된다.

3. 칠성탱

칠성탱(七星幀, 사진 19)은 북두칠성을 불교화한 그림으로 칠성각에 봉

19_화엄사 칠성탱, 조선(1897년), 전남 구례

안된다. 본존은 북극성을 불교식으로 여래화한 치성광여래로서 자연재해나 적의 침략 등의 재앙을 소멸해주고 자손번성, 수명을 연장해주는 부처로 신앙된다. 조선시대에는 특히 자식 낳기를 원하는 사람들에게 열렬히 신앙되었다. 치성광여래의 도상은 왼손에 금륜(金輪)이나 약합(藥盒)을 들고 있고, 협시는 일광과 월광보살이다. 그 밖에 북두칠성을 여래화한 7여래, 필성(弼星), 14성군(星君), 28수(宿), 삼대육성(三台六星) 등 도교적 존재들을 불교화하여 배치한다.

4. 산신탱

20_용문사 산신탱,
조선(1885년),
경북 예천

산신은 호랑이를 불교적으로 신격화한 것이다. 산신탱(山神幀, 사진 20)의 도상은 심산유곡을 배경으로 백발이 성성한 신선과 같은 산신이 호랑이를 깔고 있거나 기대고 있는 모습으로 표현되며 산신각에 봉안된다.

명부중 계열

명부중(冥府衆)이란 명부전에 모셔진 모든 존상을 일컫는 개념이다. 우리나라의 어지간한 규모를 지닌 절이라면 명부전은 거의 빠짐없이 건립되어 있다. 명부란 죽은 이가 가는 저승, 즉 사후세계를 상징한다. 명부전은 불교의 생사관과 업설 그리고 윤회사상 등이 어우러져 죽은 이를 천도하여 극락왕생을 비는 의식이 베풀어지는 상징적인 공간으로, 거기에 알맞은 상설(像設)과 장엄이 베풀어져 있다.

1. 감로왕도

감로왕도(甘露王圖, 사진 21)는 감로왕이 지옥에 빠진 중생을 구제하기 위해 시방제불과 스님들께 성반(盛飯)을 올림으로써 지옥의 고통을 여의고 서방정토로 인도하는 모습을 그린 그림이다. 감로왕은 서방극락의 주불인 아미타여래이다. 아귀도에 빠진 어머니를 구제하기 위해 목련존자가 부처님의 가르침대로 백중날 우란분재를 올림으로써 어머니를 천상으로 구제하였다는 우란분경에서 유래하여 우란분경변상도(盂蘭盆經變相圖)라고도 한다. 아귀도뿐만 아니라 지옥장면이 첨가된 것

21_통도사 감로왕도,
조선(1786년),
경남 양산

은 우란분경이 목련경으로 발전한 내용을 반영한 것이다. 즉 우란분경과 목련경의 내용에 극락왕생사상이 첨가되어 감로왕도의 사상적 배경을 이루고 있다.

2. 시왕도

시왕도(十王圖)는 명부에서 죽은 자의 죄업을 심판하는 열 명의 대왕인 시왕을 그린 그림으로 명부전에 봉안된다(사진 22, 23). 명부전에는 본존으로 지장보살상과 지장보살도가 봉안되며 그 좌우에 시왕도를 배치한다. 시왕은 명부의 재판관인 염라대왕이 중국에서 도교와 결합되어 십대왕으로 확대된 것이다. 지옥에 떨어진 죄인들이 고통받는 모습이 묘사된 시왕도는 지옥의 처참함과 고통스러운 광경을 시각적으로 보여줌으로써 사람들에게 이렇게 고통스러운 지옥에 떨어지지 않도록

22_시왕도의 지옥 장면

23_봉은사 시왕도,
조선(1777년),
동국대학교박물관

24_서산대사 진영,
조선, 국립중앙박물관

죄를 짓지 말고 선행을 하라고 가르치는 교화적인 불화의 대표적인 예이다.

진영

고승의 모습을 그린 그림을 진영(眞影, 사진 24)이라고 한다. 진영은 고승숭배사상과 선종의 영향으로 매우 많이 제작되었는데, 각 종파의 개산조(開山祖)나 국가에 공을 세운 고승, 혹은 문파에서 뚜렷한 업적을 남긴 스님들의 초상을 말한다. 진영의 형식은 의자에 앉은 의좌상(倚坐像)과 화문석 등이 깔린 바닥에 앉은 좌상으로 구분되며, 의좌상에는 답대(踏臺)에 발을 올려놓고 의자에 걸터앉은 형식과 답대에는 신발만 놓이고 의자 위에 결가부좌로 앉은 형식이 있다. 정면보다는 약간 측면의 자세를 취하고, 스님의 정신이 배어나도록 얼굴에 가장 중점을 두어 정성들여 묘사한다. 진영은 조사당(祖師堂) 혹은 진영각(眞影閣) 등에 봉안하는데 역대 16국사의 진영을 봉안한 송광사의 국사전(國師殿)이 대표적이다.

경전에 그려진 불화

경전화(經典畵)는 경전의 내용 중 특징적이거나 대표적인 장면을 압축하거나 상징적으로 표현하여 경전의 앞머리나 본문 중에 그려 넣는 것을 말한다. 이들은 경전의 내용을 시각적으로 조형화하여 경전의 내용을 쉽게 이해할 수 있도록 도와주며, 흔히 경변상도라고도 한다.

이러한 경변상도는 불경의 심오하고 많은 내용을 한 장 또는 몇 장의 그림 속에 압축하여 경전의 세계로 인도하고 교화한다는 점에 그 의의가 있다고 할 수 있다. 그러나 사실 방대한 내용을 좁은 지면에 함축적으로 도해한다는 것은 쉬운 일이 아닐 것이다. 그러므로 경변상도 중에는 경의 내용 중 여러 가지 장면을 한 화면에 설명적으로 표현하여 복잡한 구도를 보이고 있는 것도 있고, 구체적인 내용을 생략하고 부처님의 설법 장면으로 변상을 대표하는 것도 있다. 경전화는 재료와 기법에 따라 사경화와 판경화로 구분할 수 있다.

사경화

사경은 인쇄술이 발달되기 이전에 사용되던 제작방식이다. 현존하는 사경은 대부분 고려시대와 조선시대 초기에 제작된 것이다. 고려시대는 두 차례의 대장경 조판에서 알 수 있듯이 인쇄술이 크게 발달한 시기이다. 그럼에도 불구하고 왜 고려시대에 많은 사경이 제작되었는가? 그것은 이 시기의 사경은 독송용이라기 보다는 경전을 베껴 쓰는 것 자체가 수행과 공덕을 쌓는 것이라고 여겼기 때문이다. 즉 공덕용 경전이라는 신앙적인 성격을 지녔으므로 고급스러운 재료를 써서 정성 들여 아름답게 제작하는 것이다.

또한 사경화(寫經畵, 사진 25)는 공덕용이라는 성격에 걸맞게 감색 등의 물감을 들인 종이에 금이나 은이라는 고귀한 재료를 사용하여 아름다움과 귀족적인 품위를 지니고 있다. 그러므로 사경은 장식적인 성격을 지니는 아름다운 예술작품으로서의 가치가 높은데 이러한 성격을 더욱 고취시키는 점이 바로 사경화라고 할 수 있다.

25_광덕사 묘법연화경 변상도, 고려 말~조선 초, 보물 390호, 동국대학교박물관

판경화

판경화(版經畵, 사진 26, 27)는 붓으로 한 번에 그리는 사경과는 달리 '밑그림(板下本)→판각(板刻)→인쇄(印刷)'라는 세 단계의 과정을 거쳐

제작된다. 즉 우선 화가가 밑그림을 그리고(복각의 경우는 기존의 판본을 이용한다), 그것을 판에 뒤집어 붙여 판각하고, 여기에 물감을 묻혀 찍어내는 절차를 통해 이루어진다. 판의 재질에 따라 목판화, 석판화, 동판화, 고무판화 등으로 구분하지만 우리나라의 판경화는 대부분 나무판에 새겨 먹을 묻혀 인쇄하는 목판화이다.

사찰은 우리나라 인쇄의 중심지이다. 사찰은 전통적으로 질 좋은 종이와 먹을 생산해 왔고 또 많은 각수(刻手)를 거느리고 있어 경전 간행을 위한 여건을 잘 갖추고 있었다. 사찰판본들은 주로 스님과 신도들의 시주에 의해 독송과 교육을 위하여 간행되었다.

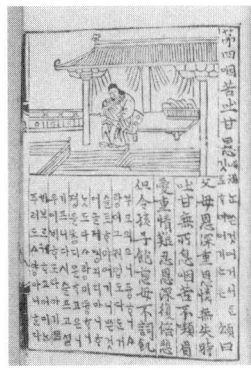
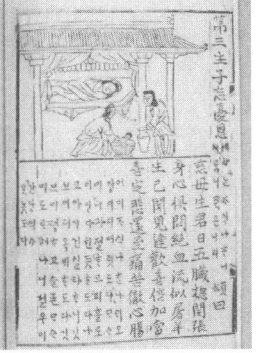

26_부모은중경
　　언해본 판경화,
　　조선(1404년),
　　개인소장

27_묘법연화경 변상도,
　　조선(1404년),
　　보물 793-7호,
　　월정사성보박물관

제3장_불교회화 · **135**

제4장 불교공예

Buddhist Industrialarts

불교공예의 의미

인류가 세상을 살아가는 데 있어 필요로 하는 모든 생활용품 및 도구 중 미술적으로 아름답고 뛰어난 것들만을 한정하여 소위 공예(品)라 일컫는다. 불교가 우리나라에 전래되면서부터 시작되었다고 할 수 있는 불교공예 역시 사원에서 이루어지는 각종 종교의례로부터 수행자로서 일상생활에 필요한 갖가지 용품 및 도구를 말한다. 불교공예는 일반공예가 지닌 쓰임새와 아름다움에 더하여 종교적 의미가 내포되어 있다.

다시 말해서 불교공예란 불교라는 신앙의 테두리 안에서 이른바 법구(法具) 또는 불구(佛具)라는 신앙적 의미를 지니고 조성된다. 하지만 일반 공예품과 마찬가지로 그것을 만든 시기에 공통적으로 존재하였던 일반적인 미적 감각과 미술양식이 반영된다. 불교공예품 중에는 성물(聖物)로서 탑상(塔像)과 같이 예배 또는 귀의 대상이 되는 것들도 있고, 값비싼 재료와 정성을 기울여 제작하기 때문에 예술품으로서도 매우 뛰어난 조형미를 지닌 것들도 많다.

불교공예의 종류

불교공예는 조각·회화·건축을 제외한 온갖 것을 다 포함할 정도로 범위가 넓으며 종류 또한 다양하다. 따라서 불교공예의 유형을 분류하는 일은 쉽지 않고 분류방식에 따라 여러 가지로 나눌 수 있다. 여기에서는 주로 쓰임새에 따라 크게 의식법구, 공양구, 장엄구, 사리장엄구 등으로 분류해 보았다.

의식법구

의식법구(儀式法具)는 불교의식을 행할 때 사용하는 여러 가지 법구를 말한다. 사실 불교공예품 가운데 직접적이건 간접적이건 간에 불교의식이나 수행에 쓰이지 않는 것은 없다. 하지만 여기서는 그 쓰임새가 불교의식에 직접 쓰이는 법구를 일컫는다. 의식법구는 그 쓰임새에 따라 다시 범음구(梵音具), 의식구(儀式具), 의장구(儀仗具), 수행구(修行具) 등으로 나눌 수 있다.

1. 범음구

불교의식은 뭇 중생들을 착한 길로 인도해주고 더 나아가서는 그들의 마음을 다스려 해탈의 길로 들어갈 수 있도록 이끌어 준다. 그러므로 반드시 그에 따른 절차와 방법에 맞춰 의식의 장엄한 분위기를 한껏 북돋워주고 마음을 울리는 신묘한 소리를 내고 감동을 주게 되는 것이다. 소리를 내는 의식법구로는 종(梵鐘), 북(法鼓), 운판(雲板), 목어(木魚)로 구성되는 사찰 사물(四物)을 비롯하여 쇠북(金鼓), 바라, 경(磬) 등을 들 수 있다.

• 사물

사찰 사보(四寶)라고도 하는 사물(四物)은 절에서 가장 중요시하는 종·북·운판·목어 네 종류의 법구로, 소리를 내는 의식법구 가운데 종교적 분위기와 감흥을 일으키는 대표적인 불교공예품이다.

범종

범종(梵鐘)은 사찰 사물 중에서도 형태의 아름다움이나 신앙적인 면에서 가장 뛰어난 것으로, 사원에서는 반드시 필요한 필수품이다. 옛날 큰 불교사원에서는 대중들이 많이 모여 살았으므로 단체생활의 필요상 어떠한 약속된 소리로써 하루의 일과를 알려주어야 했다. 따라서 종이 사찰의 필수품이 될 수밖에 없었음은 충분히 짐작된다.

이와 같은 이유도 이유였겠지만 범종은 그 소리의 신묘함 때문에 종소리를 듣는 중생들은 마음을 경각시켜 모든 감각기관으로 공덕을 쌓으며, 그 공덕으로 인하여 지옥에 떨어져 고통 속을 헤매는 중생들까지도 함께 구제할 수 있다고 믿었다. 그래서 의식을 행할 때마다 종을 울려서 종교적인 장엄한 분위기를 극대화시키고자 하였다.

원래 종은 종소리가 울려 퍼지듯 맑고 깨끗한 소리를 통하여 부처님의 가르침(法音)을 미물들에 이르기까지 널리 펼친다는 뜻을 지닌 신성한 법구이다. 종소리를 듣는 자는 번뇌를 끊게 되고 지혜를 넓혀 마침내 정각을 얻는다는 의미를 갖는다. 그러므로 종을 만들 때에는 항상 경건하고 깨끗하며 더 없이 지극한 마음을 가져야만 한다.

범종은 소리로써 장엄하고, 시간을 알려주며, 귀신을 쫓아 지상과 하늘과 지옥의 모든 중생들을 구제하려는 목적을 갖고 있다. 맑고 웅장하면서도

1_상원사 범종,
 통일신라(725년),
 국보 36호,
 강원도 평창

그윽하고 장중한 소리와, 은은하면서도 길게 남는 끝소리의 여운은 중생들의 몸과 마음을 끝없는 부처님의 세계로 이끌어 준다.

범종의 모양은 크게 중국 및 일본 종과 우리나라 종으로 나눌 수 있다. 우리나라 종이 형태적인 면이나 소리에 있어 중국이나 일본 종보다 훨씬 뛰어나다는 것은 이미 알려진 사실로, 725년에 만들어진 상원사 범종(사진 1)을 시작으로 조선시대에 이르기까지 수많은 예들이 남아 있다.

우리나라 범종의 전형을 이루고 있는 신라의 종 형태를 보면 중국이나 일본 종과 달리 종 꼭대기에 한 마리의 용으로 된 종고리(鐘鈕)와 함께 소리를 도와주는 음통(音筒)이 있으며, 몸통은 물항아리를 거꾸로 세워 놓은 듯 배 부분에 비해 입 부분이 좁게 되어 있어 소리를 천천히 토해내는 효과가 있다.

2_범종의 세부 명칭

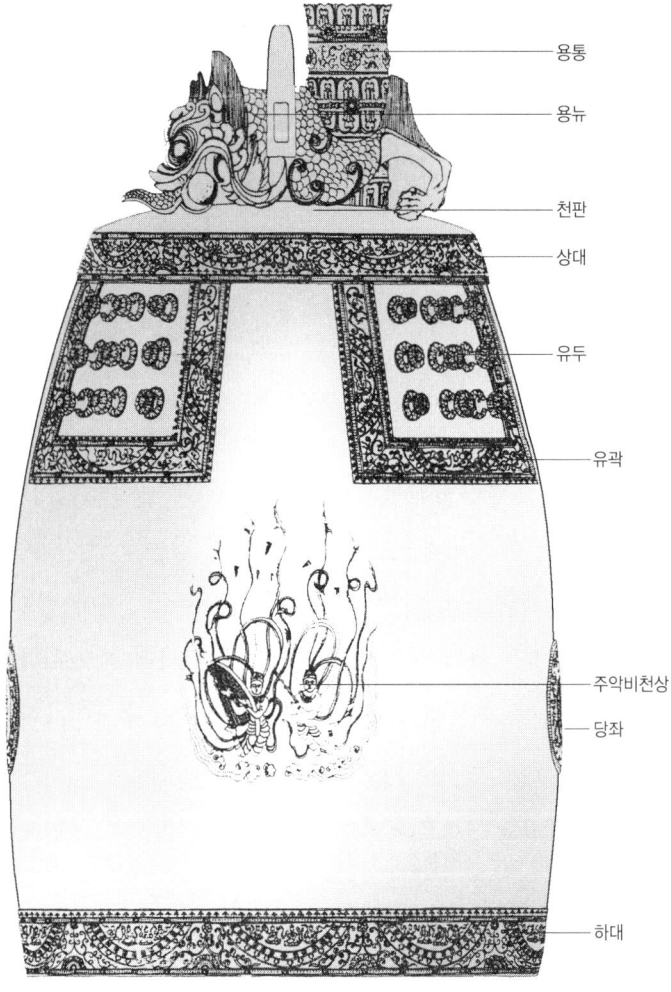

종 윗부분과 아래 종구(鐘口)에 잇대어 마련된 테두리에는 보상화나 연꽃무늬·당초무늬 그리고 악기를 연주하는 주악비천상 등이 새겨져 있다. 종의 어깨 네 곳에는 네모꼴의 유곽(乳廓)을 마련하여 그 안에 각 9개씩의 젖꼭지 모양(乳頭)을 달았다(그림 2).

　종 몸체에는 양쪽으로 서로 대칭되게 악기를 연주하는 비천상(奏樂飛天像)과 종 치는 자리(撞座)가 배치되어 있어 뛰어난 공간구성과 회화성을 엿볼 수 있다. 이렇게 화려하고 상서로운 문양과 주악비천상의 배치는 아마도 종소리를 찬미하고자 하는 뜻이 담겨 있는 것으로 짐작된다.

　범종을 치는 것은 당목(撞木)이다. 전남 순천 선암사와 충남 예산 수덕사에 가면 종을 치는 나무가 고래 모양을 하고 있다. 이것은 종의 상단에 있는 용을 울리기 위함이다. 후한시대 『반고서』에 전하기를, 이 용은 '포뢰'라는 용으로서 울음소리가 꼭 종소리와 같으며 특히 동해의 고래를 만나면 잘 운다고 한다. 그래서 종을 치는 당목을 고래로 만들었다는 이야기가 전한다. 지금은 몇 군데 사찰에만 고래 모양의 당목이 남아 있다.

법고

　법고(法鼓, 사진 3)는 '법을 전하는 북'이라는 뜻이다. 다시 말해 북소리를 빌어 부처님이 깨치신 진리를 중생에게도 일깨우려는 뜻이 담겨 있다. 북소리를 들음으로써 인간을 포함하여 모든 축생들로 하여금 고통으로부터 벗어나 기쁨을 만끽하도록 해준다고 믿는다. 그래서 북은 종과 함께 아침·저녁 예불이나 종교의식이 있을 때에는 빠뜨리지 않고 치는데, 이때에는 반드시 법도에 맞게 쳐야 한다.

　북은 일찍부터 수행정진을 독려하는 데 사용되어 온 중요한 의식법

3_수타사 법고,
조선 후기,
강원도 홍천

구이다. 북이 종과 더불어 귀중한 성물로서 그 진가가 높았음은 예로부터 법당 앞에 종루(鐘樓)와 고루(鼓樓)가 대칭적으로 배치되었고, 만약에 두 누각을 따로 세울 수 없을 때에는 종과 북을 함께 한 전각에 두고 있음을 보아도 알 수 있다.

목어

사찰 사물 중의 하나로 주로 중국 선종 사찰에서 쓰였던 목어(木魚, 사진 4)는 나무를 물고기 모양으로 만들고 안을 텅 비게 파내어 두드리면 소리가 나도록 되어 있다. 목어 소리를 통해 물고기를 비롯한 수중 생물들에까지도 부처님의 가르침을 전하여 깨달음에 이르게 하고자 하였다.

목어와 관련해서 다음과 같은 이야기가 전한다.

옛날에 게으름만 피우던 스님 한 분이 계셨는데 수행하다 일찍 죽었다. 어느 날 그의 은사 스님께서 섬으로 공부하러 가는 도중에 등에 나무가 자라나서 고통스러워 하는 물고기 한 마리를 보았다. 너무 이상하여 혜안통으로 들여다보니 옛날에 게으름만 피우던 바로 그 제자였다. 스님은 제자가 가여워 물고기 등의 나무를 베어 고통을 덜어주었다. 그리고 그 나무를 물고기 모양으로 깎아 걸어두고, 게으른 생각이 날 때마다 그것을 바라보며 더욱 수행에 힘썼다고 한다.

목어는 대개 절의 종루나 고루, 또는 누각에 걸어놓고 아침 · 저녁 예불 때 친다. 「백장청규(百丈淸規)」에 '재죽(齋粥)' 때는 길게 두 번 치고, 스님들을 모이게 할 때는 길게 한 번 치며, 행자들을 불러 모이게 할

4_목어

때는 두 번 친다'고 하는 것으로 보아 종과 북처럼 의식이나 모임이 있을 때 주로 사용하고 있음을 알 수 있다.

목어의 형태는 크게 두 가지로, 하나는 물고기 형상을 충실하게 묘사한 것이고, 또 하나는 물고기 모양의 몸통에 머리 모양이 용머리 형상을 한 것이다. 그러나 그것이 어떠한 형태이던 간에 물고기가 잠을 잘 때도 늘 눈을 뜨고 있는 것처럼, 수행하는 사람 역시 물고기와 같이 졸지 말고 오직 정진에만 힘쓰라는 의미를 지니고 있어 게으름을 쫓는 하나의 상징물로 삼고 있다.

운판

운판(雲板, 사진 5)은 장판(長板), 재판(齋板), 또는 판종(板鐘)이라고도 하며 중국의 선종 사찰에서 애용하던 사찰 사물 가운데 하나이다. 주로 청동이나 철을 판판하게 한 다음 구름 형태를 이룬 이른바 운형금속판

제4장_불교공예 • 145

5_운판, 조선(17세기), 국립중앙박물관

(雲形金屬板)을 말한다. 운판의 본래 기능은 참선할 때 시작과 끝을 알리고 졸음을 방지하기 위함이었다. 그러나 시대의 흐름과 함께 점차 기능 또한 확대되어 공양시간을 알릴 때와 대중들을 불러 모을 때, 그리고 재(齋)가 있을 때 널리 사용되었다.

운판의 형태는 구름 모양이라고 하지만, 시대의 흐름에 따라 다양한 변화를 보여주는 형태미가 돋보이는 불교 공예품 중 하나라 하겠다. 운판의 생김새를 구름 모양으로 만든 것은 구름이 비를 머금고 있으므로 불을 다루는 부엌에 걸어둠으로써 미리 화재를 막고자 하는 주술적인 뜻이 담겨 있다고 한다.

또한 운판을 쳐 소리를 울리면 공중을 날아다니는 날짐승을 비롯한 중생을 제도한다고 한다. 불길을 끄는 빗줄기처럼 중생의 마음 속에 활활 타오르는 욕망과 번뇌의 사나운 불길을 꺼주는 것이다. 보통은 종루에 걸어두고 아침·저녁 예불 때 치고 있으나, 처마 밑에 걸어두고 치는 경우도 있다.

• 쇠북

금고(金鼓, 사진 6)는 쇠북으로 금구(金口, 禁口), 반자(飯子) 등으로 불린다. 형태는 농악에 쓰이는 징 모양을 하고 있다. 쇠북은 금속으로 만든 북이라는 뜻으로 보통 구리와 금·은 세 가지 재료로 만들어지는데, 『현우경』에 의하면 구리로 만든 북을 치면 8억이 모이고, 은고(銀鼓)를 치면 14억이 모이며, 금고를 치면 모든 사람이 다 모인다고 한다.

우리나라에 금고가 전래되어 사용된 시기는 정확하지 않지만 경전 내용으로 미루어 볼 때 늦어도 8세기 중엽부터라고 추정된다. 현존하는 가장 오래된 쇠북은 국립중앙박물관 소장의 865년에 조성된 '시공사금구(時供寺禁口)'이다. 고려시대 이후에 이르면 예술적으로 뛰어난 작품들이 많이 만들어지게 된다.

6_쇠북, 고려(1252년), 보물 495호, 경남 고성

• 경

경(磬, 사진 7) 또는 경자(磬子)라고 하며 절에서는 경쇠라고 부른다. 예불을 올릴 때나 경전을 독송할 때 쓰는 법구 중 하나이다. 예불을 올릴 때 엎드리고 일어서는 행위를 인도하기 위해 경쇠를 치고, 법당에서 독경하면서 부처님 주위를 도는 행도(行道) 의식을 행할 때에도 사용한다. 경쇠를 칠 때는 목탁은 치지 않는다. 그러나 오늘날 사찰에서 이러한 경쇠를 법구로 쓰는 예는 찾아볼 수 없고 조선시대 불화에서 볼 수 있다.

전해오는 이야기에 따르면 경쇠소리는 범종·운판·요령·징쇠와 함께 동물의 마음을 감화시키는 다섯 가지 쇳소리라고 한다.

7_경쇠, 조선,
통도사성보박물관

2. 의식구

의식구(儀式具)란 의식을 집전하는 사람이 직접 사용하는 법구나 의식에서 사용되는 법구를 말한다. 특히 밀교의식에 사용되는 금강저나 금강령 등이 대표적이다. 우리가 일상적으로 의식에 사용하는 목탁도 범음구로 분류할 수 있지만 오히려 그 쓰임새를 볼 때 의식의 절차를 이끄는 역할이 더 크므로 의식법구에 포함시켰다. 이 밖에 발원문을 담거나 관불의식 등에 사용하는 법구인 관불기도 의식법구로 분류하였다.

• 금강저

산스크리트어 '바지라(Vajira)'를 금강(金剛) 또는 금강저(金剛杵)라 옮긴 것이다. 경전에 따르면 금강은 '빛깔은 자영(紫英)과 같고 금을 녹여 수없이 단련(鍛鍊)하여 만들었다. 가장 단단하고 날카로워서 옥을 자른다. 세상에 매우 드물게 있는 까닭에 보배라 이름한다'라고 하여 가장 굳센 금속으로 치고 있다.

금강저(사진 8)는 원래 제석천의 번개에 붙였던 이름이었으나 점차 여러 신이나 역사(力士)가 지니는 무기를 가리키게 되었다. 고대 인도부터 무기로 사용되었으며 제석천이 아수라를 쳐부수었다는 전설이 불교에 수용되어 중생의 무명번뇌를 굳세고 날카로운 지혜로 부수어 버리는 것에 비유된다.

8_금강저, 고려, 월정사성보박물관

• 금강령

금강령(金剛鈴, 사진 9)은 금강저와 함께 불교의식에 쓰이던 법구 중 하나이다. 그 생김새는 자루를 중심으로 아래쪽에는 추가 달린 조그만 종이 달려 있고 위쪽은 금강저의 반쪽 부분을 닮았다. 종신(鐘身)에는 주로 불법을 수호하는 신중을 많이 새기는데, 고려시대에 만들어진 금강령에는 사천왕상 무늬가 가장 널리 쓰였다. 그 밖에 용을 새긴 것도 있다.

우리나라에서는 요령이라 부르기도 하는데 이 경우는 대개 자루의 위에 붙은 장식이 갈고리 형태가 아니고 사람의 얼굴을 새기거나 보주를 닮은 장식을 하고 있다. 현존하는 금강령으로는 순천 송광사에 있는 금동금강령이 대표적이다.

9_금강령, 통도사성보박물관

• **목탁**

목탁(木鐸)은 사물 중 하나인 목어가 변해서 생겨난 법구로, 그 생김새도 물고기 모양을 취하고 있다. 다만 목어는 물고기 모양 그대로 몸체가 길쭉하지만, 목탁은 방울모양으로 몸체가 둥글넓적하게 추상화되어 있다. 가로로 길게 벌어진 입이 끝나는 가장자리에는 둥근 구멍이 뚫려 있는데 물고기의 두 눈을 연상시킨다. 꼬리부분에 해당되는 곳에는 둥근 손잡이가 달려 있는데 물고기의 꼬리지느러미를 추상화한 것으로 보인다.

목탁이라는 용어는 우리나라에서만 쓰는 말이고 중국이나 일본에서는 우리의 목탁에 해당하는 둥근 형태의 것도 목어라고 부르고 있다. 중국에서는 물고기 모양으로 된 길쭉한 것을 받침대 위에 올려놓고 사용하며 어탁(魚鐸)이라고 부른다.

목탁 역시 수행자로 하여금 게으름을 피우지 말고 부지런히 수행에 전념하도록 하며, 목탁소리를 듣는 모든 이들은 욕망과 성냄과 어리석음을 씻어내고 지혜와 자비 그리고 보리심이 샘솟기를 기원하는 법구이다. 그리고 목탁은 고해의 바다를 건네주는 반야용선이다. 일반 사회에서도 흔히 세상을 깨우쳐 지도하는 사람이나 기관을 목탁에 비유하고 있다.

• **소통**

소통(疏筒, 사진 10)은 의식에서 발원문을 다 읽고 난 뒤에 다시 말아서 넣는 통을 말하며, 불단의 좌우에 놓인다. 소통의 구조는 좌대와 몸통과 덮개로 이루어진다. 좌대는 맨 아래쪽에 넣어 몸통을 받치는 기능을 하는데 사자 등 상서로운 동물의 형태를 조각하고 그 위에 연화좌를 얹기도 한다. 몸통은 앞면이 측면보다 넓은, 위아래가 매우 긴 장방형을 이루고 있다. 그 내부는 공간이 있어 두루마리 등을 넣을 수 있도록 만들어졌다. 네 귀퉁이에 뼈대를 대고 그 사면에 얇은 판자를 붙여 만드는데 특히 판자에는 여러 가지 화려한 무늬를 투각하였다. 덮개는 몸통의 맨 꼭대기에 씌워 덮는데 위에 간단한 장식을 하였다.

공양구

공양이란 여러 가지 불교의식 가운데 하나로서 불·법·승 삼보(三寶)에 대하여 진정으로 공경하는 마음을 가지고서 공물을 올리는 의식이다.

불전에서 이 의식을 행할 때에는 향을 비롯하여 꽃·차·등·과일 등의 다섯 가지 공양물을 갖추고 오공양게(五供養偈)나 운심공양진언(運心供養眞言), 운심게(運心偈) 등을 독송하면서 공양의 뜻을 아뢴다. 이때의 공양은 반드시 운심공양이 되어야 한다. 운심공양이란 마음을 돌려 참회하고 진실된 참회를 부처님 앞에 아뢰는 것을 의미한다. 따라서 공양의식을 행함에 있어서는 꼭 청정한 마음자세를 갖추어야만 진정으로 그 의미를 살릴 수 있다.

공양구(供養具)는 불보살전에 공양의식을 행할 때 사용되는 법구로부터 승려에게 올리는 반승(飯僧) 행사에 이르기까지 널리 쓰이는 매우 중요한 불교용품으로서 여러 가지 의미를 지니고 있다.

10_소통, 조선,
통도사성보박물관

1. 향로

향로(香爐, 사진 11)는 향을 사르는 데 쓰는 법구이다. 불보살전에 올리는 공양은 원래 향·꽃·등불을 으뜸으로 삼았다. 뒷날 부처님께 올리는 공양물은 이 세 가지에 차·과일·쌀이 더해져 모두 여섯 가지 공양물이 되었지만 여전히 향이 으뜸이다.

더운 인도에서는 사람의 몸에서 나는 체취나 실내의 악취를 없애기 위하여 일찍부터 향을 사용하여 왔다. 더럽고 나쁜 냄새를 없애주는 향이 지닌 의미가 마음의 때를 깨끗이 씻어준다는 의미로 확대되어 향을 사르는 일이 마음 속의 번뇌나 티끌을 불살라 정화하는 것을 상징하게 되었다. 또한 꽃과 마찬가지로 남에게 기쁨과 평화를 베푸는 뜻도 담겨 있다. 따라서 부처님께 예경을 드리기에 앞서 향을 사르는 일은 기본예절이 되었다.

우리나라에서도 불교의 전래와 더불어 향을 사르는 일이 일반화되었고 따라서 향공양에 사용되는 그릇인 향로를 만드는 데 정성을 기울였다.

11_통도사 향완,
고려(13세기), 보물 334호,
통도사성보박물관

2. 화병

화병(花瓶)은 부처님께 꽃을 올릴 때 꽃을 꽂아 두는 법구이다. 인도에서는 꽃다발을 만들어 올렸지만 우리나라의 경우 사시사철 꽃을 구하기 어려우므로 종이에 물을 들여 갖가지 빛깔의 종이꽃을 만들어 불교의식에 사용하였다.

화병을 만드는 재료는 주로 금·은·동이지만 유리나 도자기로 만든 것도 있다. 조선시대 감로탱에서 재를 올리는 상차림을 보면 도자기로 만든 커다란 화병에 꽃을 가득 꽂아 진열한 모습을 볼 수 있다.

3. 정병

정병(淨瓶, 사진 12)은 물을 담는 물병이지만 그 형태가 독특하고 관음보살이 지니는 지물로 정착되었으므로 별도로 정병이라 부르고 있다.

『법화경』에 따르면 정병은 승려가 반드시 지녀야 할 18물 가운데 하나였다. 불교의식이 진행될 때 쇄수게(灑水偈)를 행하면서 의식을 인도하는 승려가 솔가지로 감로수를 뿌림으로써 모든 마귀와 번뇌를 물리치도록 할 때 사용된다.

우리나라에서는 고려시대에 만든 정병이 가장 많이 남아 있다. 점토를 구워 만든 토기나 도자기로도 만들었지만, 오동(烏銅)으로 만들고 그 표면에 금이나 은을 박아 무늬를 새긴 입사(入絲)기법을 베푼 정병이 유행하였다. 무늬는 대개 물가에 부들이나 버들이 늘어져 있고 물새가 노닐거나 하늘을 나는 한 폭의 그림같은 무늬를 새긴 것이 가장 많다.

12_정병, 고려(11세기), 국보 92호, 국립중앙박물관

4. 등

촛대를 포함하는 등(燈)은 어두움을 밝히는 데 반드시 필요한 필수품이다. 불교에서는 일찍부터 등불을 매우 귀중하게 여겨 왔으며, 심지어는 경외심까지 갖게 되었다.

등은 만드는 재료에 따라 종이등·베등·나무등·구리등·석등·자기등·옥등으로 구분되며, 쓰임새에 따라서는 수등(手燈)·현등(懸燈)·고정등(固定燈)으로 나뉜다. 그리고 모양에 따라서는 4모·6모·8모·원형등과 수박등·팔각석등·고복석등·이형석등 등으로 구분할 수 있다. 이 중에서 부처님에 대한 공양구이면서도 문화재적 가치가 있는 것은 옥등(玉燈)이나 고정등이 대부분이다.

불교에서 등은 단순히 어두움을 밝혀주는 일반적인 목적보다는 부처님의 가르침으로 어둠 속에서 헤매는 미혹의 중생들을 깨우치게 해준다는 데에 더 큰 의의를 갖는다.

5. 다기

다기(茶器)란 찻그릇으로, 불교에서 불보살전에 차를 올리는 헌다의식(獻茶儀式)에 사용되는 불구이다. 차는 중국에서 우리나라로 들어 온 것인데, 통일신라시대부터는 절에서도 차가 유행하기 시작하여 선종의 발달과 함께 9세기부터 차가 본격적으로 애용된 것 같다.

다기는 찻주전자나 찻잔 같은 것을 말하는데, 처음에는 흙으로 만든 것이 유행하다가 점차 금속과 자기로 된 찻그릇이 많이 만들어졌다. 고려시대까지는 다기에 차를 달여 불보살전에 올렸으나 조선시대부터는 차 대신 맑은 물을 담아 공양하게 되어 오늘날에 이르고 있다.

6. 발우

발우(鉢盂, 사진 13)는 수행자가 지니는 밥그릇을 말한다. '발(鉢)'은 산스크리트어 '파트라(Pātra)'를 소리대로 적은 '발다라(鉢多羅)'의 준말이다. '우(盂)'는 중국어로 '밥그릇'이라는 뜻이다. 우리나라에서는 발우를 발음하기 좋게 '바루'라고 하던 것이 굳어져 오늘날에는 바루 또는 바리때라고 부른다.

부처님 당시에는 발우가 1개뿐이었으나 현재 우리나라 사찰에서 쓰는 발우는 대개 4개가 1벌을 이루며, 큰 그릇에 작은 것을 포개어 담도록 되어 있다.

부처님도 몸소 발우를 들고 나가 밥을 빌었는데 이를 탁발이라고 하

13_ 한암 스님 발우, 근대, 월정사성보박물관

였다. 이 전통은 남방불교에서는 지금까지도 이어져 내려오고 있다. 승가에서는 '오후불식(午後不食)'이라 하여 정오가 지나면 식사를 하지 않는 것을 규범으로 삼았다. 그러나 중국을 거쳐 우리나라에 전해지면서 사회적 여건 등 여러 요인으로 인하여 새로운 식사법이 수립되었다.

승가에서는 원칙적으로 대중이 함께 모여 공양을 하는데 이 의식을 발우공양이라 한다. 발우공양은 음식에 깃든 고마움과 공덕을 의례화한 것이다. 단지 음식을 먹는 일에 그치지 않고 수행의 한 과정으로 삼은 것이다. 발우공양을 할 때는 예배 · 감사 · 반성 · 자비의 가르침이 담긴 『소심경』을 암송하면서 절차에 맞춰 공양을 한다. 화합을 이룬 모임인 승가에서 이 발우공양은 평등 · 청결 · 절약 · 화합의 의미를 갖는다.

장엄구

장엄구(莊嚴具)란 불보살이 머무르고 계시는 법당을 종교적 분위기가 나도록 장엄하게 꾸며주는 여러 가지 불구들을 말한다.

특히 법당은 예배의 대상을 모시는 성스러운 곳(聖殿)으로, 언제나 오색 구름에 둘러싸여 있는 것과 같이 화려하고 웅장하게 꾸미고자 최선을 다했으리라 생각된다. 요즈음에도 절을 크게 지어 내부와 외부를 치장하고 단청을 화려하게 하는 데 심혈을 기울이고 있음을 보아도 짐작해 볼 수 있다.

불단(佛壇)과 천개(天蓋)같은 내부 치레에서부터 불감(佛龕) · 법상(法床) · 목패(木牌) · 번(幡) 등에 이르는 모든 불구들이 이에 해당하며, 이것들은 사찰의 분위기를 부처님의 세계답게 꾸며주는 역할을 한다.

1. 불단

　불단(佛壇, 수미단, 불탁이라고도 함)은 크게 두 가지 뜻으로 나누어 볼 수 있다. 넓은 의미로는 불교의식이 이루어지는 단(壇)을 통틀어 말하고, 좁은 의미로 전각에서 불보살 등 예배의 대상이 되는 불상이나 탱화를 모신 곳을 일컫는다.

　불단의 기원은 부처님이 앉으셨던 자리, 즉 불좌(佛座)에서 비롯되었다고 할 수 있다. 부처님이 앉은 자리가 우주의 중심축이 되고 나아가 이를 중심으로 의례가 베풀어지면서 좌대(座臺)는 불단으로 더욱 확대되기에 이르렀다고 추정할 수 있다. 그리하여 불단은 가람배치 계획의 핵심을 이루면서 온갖 장엄이 베풀어졌다.

　현재 우리나라에 남아 있는 불단은 조선시대 후기에 조성된 것들이다. 그 기본구조를 살펴보면 상대·중대·하대의 3단으로 구성되어 있다. 하대는 불단의 몸체를 받드는 부분이다. 중대는 불단의 몸체에 해당하며 다시 상·중·하단으로 나뉘는데, 여러 가지 장식무늬가 베풀어

14_ 백흥암 극락전
수미단, 조선,
경북 영천
보물 486호.

져 불단을 한껏 장엄하고 있다. 상대에는 중심부에 불보살상을 모시고 앞쪽에는 공양물인 불기·향로·촛대·화병 등을 놓기 위해 턱을 덧대기도 하였다. 곳에 따라서는 불상이 놓이는 부분과 공양물이 놓이는 부분을 구별하기 위해 가리개를 설치한 경우도 있다.

현재 불단 가운데 유일하게 국가지정문화재로 지정된 것은 경북 영천에 있는 백흥암의 주불전인 극락전 불단(사진 14)이다. '백흥암 극락전 수미단'이란 이름으로 지정된 이 불단은 그 세부장식의 화려함과 투각기법에서 한층 돋보여 조선시대 불단 가운데 으뜸가는 것으로 평가받고 있다.

2. 천개

천개(天蓋, 사진 15)는 불보살의 위덕을 나타내는 장엄구의 하나이다. 산개(傘蓋)·보개(寶蓋)·화개(華蓋)·현개(懸蓋)라고도 한다. 원래 고대 인도에서는 햇빛이나 비를 막기 위한 가리개에서 출발하여 귀인의 상징으로 사용되었다. 점차 불보살의 머리 위를 장엄하게 하거나 사원의 천장을 장식하는 장식물로 변하였고 뒤에는 승려들에게도 허용되었다. 주로 천으로 만들어졌으나 나중에는 금속이나 나무 등 여러 가지 재료를 사용하게 되었다.

우리나라의 경우는 357년에 조성된 고구려의 안악3호분 벽화 가운데 서쪽 측실에 있는 동수(冬壽)라는 인물상 그림에서 장막형의 천개를 찾아볼 수 있다. 또한 기록상으로는 『삼국유사』권4 '자장정률(慈藏定律)'조에 643년(선덕여왕 12)에 신라의 자장율사가 중국 당나라에서 돌아올 때 대장경 1부와 여러 가지 번당(幡幢)과 함께 화개를 가져왔다고 한다.

15_천개

통일신라시대의 천개의 양상을 엿볼 수 있는 자료는 송림사 오층전탑에서 발견된 금동사리구의 외함에 붙어 있는 천개(사진 16)를 꼽을 수 있다. 이러한 천개는 나중에 전각의 내부에서 불단 위 천장에 닫집이라는 형식으로 바뀌어 화려한 꽃을 피웠다.

3. 불감과 법상

비록 고정되어 있지는 않으나 불세계를 나타내는 장엄구로는 불감(佛龕)과 법상(法床)을 들 수 있다. 전각을 축소해 놓은 모양의 불감은 이동하기 쉽도록 달면 동그랗게 되는 것(사진 17)과 집 모양으로 된 것이 있다. 어떠한 형태이든 불감 안에는 불

16_송림사 전탑 사리구, 통일신라(8세기 초), 국립경주박물관

17_불감

보살상을 안치하고 있는 만큼 법당과 똑같이 치레를 하고 장엄함으로써 불세계를 나타내고 있어 예배의 대상인 부처님을 대하듯 하는 것이 불도들의 참 자세라 할 것이다.

고좌(高座)라고도 하는 법상은 법사나 대선사들께서 앉아 부처님의 가르침을 설하는 일종의 대좌이다. 법사나 대선사는 부처님을 대신한다고도 할 수 있으므로 법상은 곧 부처님께서 앉는 불대좌와도 같다. 그러므로 지극정성으로 조성하고 소중하게 여기는 것은 너무나도 당연하다.

4. 번

번(幡)은 산스크리트어 '파타카(Pataka)'를 번역한 용어이며 소리대로 적어 '파다가(波多迦)'라고도 한다. 번은 본래 인도에서는 단순히 장방형의 직물을 탑 위에 매다는 것이 일반적이었으나 이것이 점차 여러 형태로 발전하였다.

우리나라의 번은 현재 일본 예복사(叡福寺)에 남아 있는 번의 단편을 제외하고는 유물이 한 점도 남아 있지 않지만 현재까지 남아 있는 당간이나 당간지주는 다른 어떤 불교문화권보다 많다. 그리고 일본 예복사에 남아 있는 사교연주원문자수번(獅咬連珠圓文刺繡幡)은 번신에 귀면을 한 희귀한 예로 꼽히고 있고, 번수 대신 유소를 쓰고 있는 점 등 우리 나름의 특징을 보여주고 있다. 이러한 사실 미루어 볼 때 고대 우리나라에서도 번은 널리 유행했었다고 볼 수 있다.

5. 화만

화만(華鬘)이란 많은 꽃을 실로 꿰거나 묶어서 만든 꽃다발을 말한다. 꽃으로 목이나 몸에 장식을 하는 풍습은 일찍부터 인류에게 있어 온 풍습이다. 기후가 따뜻한 인도에서는 사시사철 꽃이 풍부하므로 꽃다발을 만들어 선물하거나 종교의식에 사용하는 것이 매우 자연스러운 일이었다. 처음에는 생화로 만든 꽃다발을 화만이라 하였지만 불교의 전파와 더불어 여러 가지 재료를 사용하여 만든 꽃, 즉 조화를 비롯한 아름다운 장식까지 화만이라 부르게 되었다. 특히 이 화만은 탁자나 상에 올리는 것이 아니라 당번과 같이 매달아 불전을 장엄하였다.

6. 업경대

업경대(業鏡臺)는 주로 명부전에 설치되는 법구 중 하나이다. 죄인이 지은 현세에서의 모든 선악행위가 이 거울에 비춰진다고 한다. 우리나라 명부전에서는 지장삼존을 모신 불단의 좌우에 한 쌍의 업경대를 모셔 놓는 것이 보통이다.

업경대는 거울과 거울을 받치는 받침대로 이루어진다. 받침대는 연꽃을 새긴 연화좌나 사자형의 상서로운 짐승의 형상을 새기고 있으며, 거울 면은 불꽃무늬로 테두리를 삼고 실제 동판으로 만든 거울을 끼우거나 나무판에 금칠을 하기도 한다.

7. 업칭

업칭(業秤)은 사람이 죽어 명부에 가면 그를 심판할 때에 사용하는 법구로 생전에 지은 행위, 즉 업의 경중을 다는 저울이다. 현재 이 업저울은 그 유례를 찾아보기 어려운데 합천 해인사 명부전에는 조선시대 후기의 것으로 추정되는 나무로 된 업저울이 있다.

사리장엄

사리(舍利)는 산스크리트어 '사리라(Sarīra)'를 소리나는 대로 적어 줄인 말로 신체(身體) 또는 뼈(身骨)를 뜻하며, 몸을 태워(茶毘) 남는 유골(遺骨)을 가리킨다(사진 18). 따라서 불사리(佛舍利)는 부처님의 신체와 유골을 의미하며, 승사리(僧舍利)는 스님의 신체와 유골을 말한다. 불사리는 부처님께서 열반한 뒤 남긴 유일한 물적 증거인만큼 불도들은 이를 신비스러운 영물로 여겨 온 마음을 바쳐 존숭하고 예배의 대상으로 삼고 있다.

이처럼 신앙 그 자체로 여겨져 온 불사리는 한정이 있으므로 부처님의 치아를 비롯하여 손톱과 머리카락까지도 사리(法身舍利)로 기려지게 되었다. 그리하여 마침내 사리를 향한 믿음은 불상을 뛰어넘게 되고, 어느 나라 할 것 없이 앞다투어 이들을 구해와 불법의 핵으로 삼고 절을 일으켰다.

18_불전도 중 다비 장면, 말라칸트 출토, 3~4세기, 카라치국립박물관

우리나라 역시 신라 때 자장율사가 당나라에서 부처님의 머리뼈를 가져와 통도사 금강계단과 황룡사탑, 대화사탑 세 곳에 나누어 모셨다. 또 『삼국유사』에는 의상법사가 중국으로부터 부처님의 치아(佛牙)를 가져와 궁중에 모셨다는 내용이 전한다.

본래 사리를 묻는 곳은 탑으로, 탑신(塔身)·기단(基壇)·상륜(相輪) 그리고 심초석(心楚石) 아래 땅 밑에 모셔진다. 하지만 그냥 그 안에 사리만을 넣지 않고 겹겹으로 차림새를 갖추어 모시게 된다(사진 19). 아울러 장엄을 겸한 여러 부장 공양물들도 함께 넣는다. 이와 같은 부장 공양

19_감은사지 서삼층석탑 사리구, 통일신라(682년), 보물 366호, 국립중앙박물관

20_분황사 모전석탑 공양품

품과 사리 그릇을 함께 일러 사리장엄구(舍利莊嚴具) 또는 사리장치라고 한다.

사리장엄구는 믿음의 상징이자 신앙심의 표상으로서 겹겹의 그릇마다 표면에는 최대한 장엄을 하였다. 그 안에는 불상과 탑, 경전과 경문, 곡옥, 칠보, 장신구, 방울, 향, 거울, 동전, 그리고 금·은·동으로 만든 여러 장식구 등의 공양물을 가득 채워 넣게 된다(사진 20). 그러므로 사리장엄구는 공예품으로서의 뛰어난 예술적 가치를 헤아릴 수 있게 해주는 것이라 할 수 있다.

그러나 무엇보다도 가장 깊숙한 곳에 자리하고 있는 사리야말로 중생들 모두에게 부처님의 끝없는 가르침(法燈)을 알려주고, 선근공덕(善根功德)을 심는 복전(福田)으로서의 그 믿음자리를 깨닫게 해주는 까닭에 사리장엄구가 갖는 의의는 매우 크다.

2

Buddhist music

불교음악

불교음악은 부처님 성도 후 불교의 탄생과 함께 시작되었다고 여겨지나, 현재로서는 부처님 당시 어떠한 형태의 음악이 어떻게 불렸는지에 대해서는 알 수 없다. 그러나 아함경, 아미타경, 관무량수경, 묘법연화경, 열반경, 보요경, 법원주림 등과 같은 많은 경전에는 음악적 기술과 함께 수많은 악기가 묘사되어 있으며 기록에 의하면 부처님은 수행자가 세속적인 기악에 열중하여 수행을 게을리 하는 것은 경계하고 있으나 부처님과 스님께 올리는 음악의 공덕은 인정하고 있다. 이를 미루어 볼 때 불보살을 찬미하는 공양 음악으로서의 불교음악이 행해지고 있었음을 알 수 있다.

불교음악이란 무엇인가

　불교음악은 불교와 관련된 모든 음악을 말한다. 오랜 시간 일상의식, 법회의식, 재의식과 같은 다양한 불교의식에 쓰여 확고하게 정착된 불교의식음악과 공양(供養)의 성격을 지닌 음악으로 크게 구분할 수 있다.
　불교음악은 부처님 성도 후 불교의 탄생과 함께 시작되었다고 여겨지나, 현재로서는 부처님 당시 어떠한 형태의 음악이 어떻게 불렸는지에 대해서는 알 수 없다. 그러나 아함경, 아미타경, 관무량수경, 묘법연화경, 열반경, 보요경, 법원주림 등과 같은 많은 경전에는 음악적 기술과 함께 수많은 악기가 묘사되어 있으며 기록에 의하면 부처님은 수행자가 세속적인 기악에 열중하여 수행을 게을리 하는 것은 경계하고 있으나 부처님과 스님께 올리는 음악의 공덕은 인정하고 있다. 이를 미루어 볼 때 불보살을 장엄하고 찬탄하는 공양음악으로서 불교음악이 행해지고 있었음을 알 수 있다.
　이렇게 시작된 불교음악은 부처님 열반 후 제자들에 의해 불경과 계율이 제정되고 불상과 부처님의 사리를 안치한 탑의 건립이 성행하면서 예불과 수행을 중심으로 한 독경, 염불 형식의 의식음악이 형성되었다. 또한 여기에 기악 반주가 덧붙여져 점차 불교의식음악으로서의 틀이 갖추어지기 시작하였다. 이와 같은 과정 속에 형성된 불교음악은 불교의 전파와 함께 아시아 각지로 전해져 현재에 이르고 있다.
　우리나라는 고구려 소수림왕 2년(372년)에 중국 전진의 승려 순도와 아도에 의해 불교가 유입되고, 백제는 침류왕 원년(384년)에 인도의 승려 마라난타에 의해, 또 신라는 법흥왕 14년(527년) 이차돈의 순교에 의해 불교가 공인되면서 불교음악도 전래되었다고 추측할 수 있다. 그러나 불교유입 초기의 불교음악에 관한 기록이 없기 때문에 당시의 불교음악에 대해서는 알 수 없다. 불교유입 이후 불교의 융성한 발전과 함께 기존에 있던 재래음악과의 교류 및 새로운 불교음악의 도입 등을 통해 성장, 발전하여 우리나라 고유의 불교음악으로 정착하였다.

　여기에서는 문헌과 불교유물에 나타난 기록을 중심으로 불교유입과 함께 우리나라에 전래되어 고유의 불교음악으로 형성·발전된 불교음악을 각 시대별로 나누어 그 전개과정을 살펴보고자 한다.

삼국시대의 불교음악

삼국시대 초기의 불교음악에 대한 자료는 현재 발견된 것이 없어 언급할 수 없으나 『삼국유사』, 『대송고승전』, 『입당구법순례행기』, 「진감선사대공탑비문」에 당시의 불교음악을 추측할 수 있는 기록이 남아 있다.

『삼국유사』에는 염(念), 염불(念佛), 게(偈), 게송(偈頌), 범게(梵偈), 다라니(陀羅尼), 성범(聲梵) 등으로 표현된 불교음악과 관련된 기록이 많이 남아 있는데 그 중에 몇 가지를 소개하면 다음과 같다.

『삼국유사』에 의하면 경덕왕 19년(760년) 4월 초하루, 갑자기 두 개의 해가 나란히 나타나서 열흘 동안 사라지지 않는 이변이 일어났다. 이에 일관이 말하기를 "인연 있는 스님께 청하여 산화공덕을 지으면 재앙을 물리칠 수 있다"고 하였다. 이 말에 따라 제단을 만들고 왕이 직접 행차하여 지나가는 스님을 기다렸다. 그때 마침 월명 스님이 그곳을 지나다가 기도문을 부탁받았으나 월명 스님은 성범은 알지 못해 결국 성범 대신 향가「도솔가」를 지어 바쳤다고 한다. 또 스님이 어느 날 명주 해변으로 가는데 돌연 물고기와 조개들이 바다에서 나와 스님 앞에 육지와 같이 이어지니 이에 스님이 직접 바다에 들어가 계법으로 염(念)을 하고 나왔다는 기록이 있다.

위의 기록만으로 구체적인 음악적 내용은 알 수 없지만 성범과 염(念)이라고 불리는 불교음악이 존재하였다는 것을 추측할 수 있다. 그리고 성범은 당시 신라에 유행하고 있던 향가와는 그 리듬이나 형식이 전혀 다른 노래였을 것으로 짐작된다. 또한 당시에는 예측치 못한 위기상황에 염불이나 범성과 같은 불교음악을 공양함으로써 재난으로부터 벗어나고자 하는 인식이 있었으며, 상황에 맞는 불교음악이 적절하게 쓰여지고 있었음을 알 수 있다.

『대송고승전』에는 대안 스님이 독특한 복장을 하고 동발이라는 악기를 두드리며 춤을 추면서, '대안, 대안' 하며 소리를 질렀다는 내용이 기록되어 있다〔大安者不測之人也 形服特異 恒在市廛 擊銅鉢唱言 大安大安之聲 故號之也〕.

이때 대안 스님이 손에 들고 연주한 동발이라는 악기는 현재 재의식에서 바라춤을 출 때 사용하는 바라와 비슷하며, 원효대사가 불렀다는 노래는 사찰 안에서 불리는 염불 형식의 음악이라기보다 불교교리를 알기 쉽게 풀어 설명한 가사에 당시 민중들에게 친숙한 민요조의 가락을 붙인 노래였다고 추측된다. 그리고 이 노래는 민중에게 부처님의 말씀을 전달하기 위한 포교음악적 성격을 띠고 있음을 알 수 있다.

『입당구법순례행기』는 일본승 자각대사 옌닌(慈覺大師 圓仁)이 838년에 일본을 출발해 847년 귀국하기까지 9년 반 동안 쓴 일기 형식의 견문록이다. 여기에는 중국 산동반도에 건립된 신라의 절 적산원(赤山院)에서 행해진 각종 불교의식이 상세히 기록되어 있어, 당시 신라의 불교의식과 음악을 추측할 수 있는 귀중한 자료가 되고 있다.

적산원에서는 「강경의식(講經儀式)」, 「일일강의식(一日講儀式)」, 「송경의식(誦經儀式)」과 같은 불교의식이 행하여졌으며, 「불명(佛名)」, 「운하어차경게(云何於此經偈)」, 「계향 정향 해탈향게(戒香 定香 解脫香偈)」, 「찬탄불(讚嘆佛)」, 「회향사(回向詞)」, 「처세간여허공게(處世間如虛空偈)」, 「삼례(三禮)」, 「산화시창(散花時唱)」, 「일체공경경례상주삼보(一切恭敬敬禮常住

三寶)」, 「여래묘색신게(如來妙色身偈)」, 「나무십이대원(南無十二大願)」와 같은 많은 불교음악이 전문의식스님 및 불교신자에 의해 불려졌다. 그 중 스님과 대중이 함께 부르는 「나무십이대원」은 '나무십이대원, 약사유리광불, 나무약사유리광불, 나무대자비관세음보살'의 가사를 스님이 선창하면 후절을 불교신자들이 창하여 주고받는 형식으로 되어 있다. 이러한 형식은 현재 행하여지는 장엄염불과 그 음악적 형식이 비슷함을 알 수 있다.

또 「산화시창」은 법회 중에 꽃을 뿌리며 불보살을 찬탄하는 의식으로, 다소 축소되기는 했지만, 현재 행하여지는 불교의식 중 가장 규모가 큰 영산재 의식의 '산화락'과 유사하다.

한편 경남 하동에 있는 쌍계사 「진감선사대공탑비문」에는 804년 진감선사가 세공사로 당나라에 건너갔다가 범패를 배워 830년 귀국한 후, 쌍계사에서 많은 제자들에게 범패를 전수하였다는 기록이 남아 있다. 범패는 현재 전통 불교의식음악에서 빠질 수 없는 중요한 요소로, 진감선사의 비문에서 그 기원을 더듬어 볼 수 있다. 비문에 쓰여진 내용을 요약하면 다음과 같다.

> '진감선사의 범패소리는 금과 옥같이 아름다웠으며 그 곡조는 천인들이 듣고 가히 기뻐할 만하였다.'

이와 같은 소문이 널리 퍼져 절에는 진감선사에게 범패를 배우기 위해 각지에서 모여든 스님들로 가득했다고 한다. 진감선사가 당나라에서 배워왔다는 범패는 당시 사찰 내에서 불렸던 소리보다 발달된 형태의 불교음악이었으며 그래서 주목을 끌었다고 여겨진다. 진감선사가 배워온 당나라 범패의 유입으로 우리나라의 불교음악은 한층 더 풍부하게 발전할 수 있는 계기가 되었다.

고려시대의 불교음악

고려를 건국한 태조 왕건은 신라의 찬란한 불교를 그대로 이어받아 국교로 정하고 승과를 제정하여 제도적으로 승려우대정책을 펴는 등 불교의 발전을 꾀하였다. 이러한 국가의 적극적인 지원 아래 연등회와 같은 대규모의 불교행사가 연중 활발히 개최되었다. 불교음악 또한 불교 도래 이후 최고의 발전을 이룩했으리라 생각되지만 불교음악과 관련된 기록이 극히 미비하여 고려시대의 불교음악을 알기에는 역부족이다. 다만 『고려사』에 남아 있는 연등회에 관한 기록을 통해 당시 불교음악의 위상을 추측해 볼 수는 있다.

『고려사』에 의하면 연등회는 정월과 2월, 그리고 4월 8일에 주로 설해졌으며 왕륜사, 봉은사, 법왕사, 흥국사 등의 사찰과 궁궐 내에서 성대히 행해졌다. 이때에는 집집마다 연등을 달고 모든 백성들이 참가하여 부처님께 공양하였으며, 사찰 안에서는 악·가·무가 혼합된 다양한 종류의 기악과 연회가 베풀어졌는데 그 규모가 대단하였다고 한다. 연등회 때는 왕이 궁중에서 모든 의식을 차린 후 신하를 거느리고 절로 가는데, 절에서는 왕을 법당에 모셔 독경의식을 한다. 그런 다음 절 앞마당에 괘불을 내걸고 대중 앞에서 각종 악기 연주와 함께 독경을 시작하면 일반대중이 모여들고, 광대놀이와 같은 공연과 각종 놀이가 펼쳐진다.

고려시대의 연등회는 국가적 차원의 행사로 모든 백성들이 동참하여 부처님의 탄신과 그 공덕을 찬탄하고 기원하는 풍습으로, 현재 행해지는 부처님오신날 행사와 같은 의미의 큰 행사였음을 알 수 있다.

이때에는 사찰 마당이 공연의 장소로 활용되어 화려한 의식 및 연희가 베풀어졌는데 이와 같은 전통이 현재의 영산재 등 사찰 내에서의 각종 야외의식행사에 그대로 전해졌다고 볼 수 있다.

고려시대에는 특히 정토신앙이 왕실 및 일반 서민에게까지 널리 침투되어 신봉되었다. 이러한 배경 속에 『정토삼부경』에 의거하여 불화·불상·범종 등의 불교예술품이 제작되었는데, 그 중 『정토삼부경』의 하나인 『관무량수경』의 내용이 상세히 묘사된 「관경변상도」에는 보살들이 당비파, 행고, 장고, 횡적, 피리, 생황, 박판, 소 등과 같은 다양한 악기를 연주하고 있는 모습을 엿볼 수 있다. 「관경변상도」에 나타난 악기가 당시 불교의식에 사용되어졌는지에 대해서는 현재로서는 알 수 없으나 부처님의 가르침을 표현하고 전달하는 수단으로서 악기가 중요한 역할을 차지하고 있었음을 알 수 있다.

조선시대의 불교음악

고려시대에 화려한 불교문화의 꽃을 피웠던 불교는 조선시대에는 억불숭유정책으로 인해 길고 긴 탄압의 길을 걷게 된다. 세종·세조시대에 간경도감이 설치되어 불경이 간행되고, 사찰건립이 흥하여 성대한 불교의식이 거행되는 등 불교흥성의 시기도 있었으나 일시적인 현상일 뿐이었다. 이러한 상황은 귀족불교로까지 불렸던 불교가 기층민중문화와 습합하여 새로운 불교문화를 형성해가는 계기가 되었다. 불교음악도 여기에 편승하여 점차 기층민중음악과 교류, 융합해 가는 경향을 띠게 된다.

한학자이면서 독실한 불교신자였던 김수온의 『사리영응기』에는 세종31년(1449년) 7월부터 불사가 시작되어 11월, 궐내에서 제의식을 행하고 12월에는 불상을 봉안하였으며, 다음 해 6일에 낙성식이 있었는데 그 때에 불교음악이 성대하게 연행되었다고 기록되어 있다. 여기에는 세종대왕이 낙성식에 사용할 불교음악을 만들게 된 동기와 곡명, 그리고 가사가 상세히 기록되어 있어 주목을 끈다. 세종대왕이 직접 창작한 불교곡은 「앙홍자지곡(仰鴻慈之曲)」, 「발대원지곡(發大願之曲)」, 「융선도지곡(隆善道之曲)」, 「묘인연지곡(妙因緣之曲)」, 「보법운지곡(布法雲之曲)」, 「연감로지곡(演甘露之曲)」, 「의정혜지곡(依定慧之曲)」 등 총 7곡이며, 그 가사는 〈귀삼보〉, 〈찬법신〉, 〈찬보신〉, 〈찬화신〉, 〈찬약사〉, 〈찬미타〉, 〈찬삼승〉, 〈찬팔부〉, 〈희명자〉 등 9장으로 되어 있다. 곡명과 가사만 나열되어 있어서 세종대왕이 작곡한 곡이 실제로 어떻게 불렸는지는 알

1_봉서암 감로탱,
조선(1759년),
호암미술관

수 없지만 가사의 내용을 살펴보면 부처님과 보살을 찬탄하고, 그 공덕으로 인해 성현의 명복을 기원하고 있다. 그 9장의 가사 중 일부를 소개하면 다음과 같다.

귀삼보(歸三寶)
常住十方界　無邊勝功德　大捨大慈悲
爲衆生益　歸依志心禮　消我顚倒業

희명자(希冥資)
先靈邈難追　嗟嗟情罔極　三寶大慈力
悉皆得解　惟願垂哀憫　速成無上覺

이때 행해진 의식에는 정동발, 소동경, 철박판, 특종, 특경, 편경, 편종, 방향, 가야금, 당비파, 월금, 해금, 퉁소, 소고, 장구 등 많은 악기가 사용되었으며 45인의 악공이 연주를 하였다. 그 외 죽간자가 2명, 창자가 10명, 꽃을 든 무동이 10명 등 불교의식에 참가한 인원은 총 67인으로, 악·가·무로 편성된 종합예술의 성격을 띤다. 낙성식과 같은 큰 불교행사에 불교음악뿐만이 아니라 춤과 노래가 곁들여진 대공연이 부처님께 드리는 공양의 일부로 올려졌음을 알 수 있다.

한편 감로탱화에서도 불교음악을 찾아볼 수 있다. 감로탱화는 대웅전의 좌우 벽면에 설치하거나 명부전 또는 지장전에 설치한 뒤 영가의 위패를 봉안하고 영가의 극락왕생을 기원하는 하단신앙으로, 조상숭배신앙 혹은 영혼숭배신앙과 관련이 깊다.

감로탱(사진 1)은 상·중·하단의 3단계로 나누어 설명할 수 있는데

2_경국사 감로탱의
  불교의식 장면,
  조선(1887년),
  서울

상단에는 중앙에 7여래가 있고, 그 좌우에는 수많은 천녀들에 둘러싸여 연을 타고 내려오는 인로왕보살과 관세음보살, 세지보살의 협시를 받은 아미타여래가 구름을 타고 내려오는 장면이 묘사되어 있다. 중단에는 성대한 단이 설치되고 스님과 신도들에 의한 영가천도의식이 진행되고 있는데 거기에는 범패가 불리고 나비춤, 법고춤, 바라춤, 소금춤 등 화려한 내용의 공연이 설해지고 있다. 중단의 불교의식에는 많은 악기가 등장하는데 경자, 소금, 요령, 법고, 나각, 나발, 바라, 태징, 태평소, 장고 등 총 10종에 이른다.

감로탱화 중단의 불교의식 장면은 현재 불교의식내용과 거의 유사하여, 조선시대에 이미 현재의 영산재와 같은 재의식의 형태가 어느 정도 완성되었다는 것을 알 수 있다. 그리고 하단에는 고혼, 지옥상, 아귀상, 싸움장면, 해산 또는 질병에 의한 고통 등등 육도윤회의 업이 현실생활에 비유, 묘사되어 있다.

〈사진 2〉는 1887년에 제작된 경국사 감로탱화의 일부로 중단의 불교의식장면이다. 범패의 리듬에 맞추어 바라춤, 법고춤, 소금춤과 같은 의식무가 전개되고 나발과 태평소를 부르며 재단으로 향하는 스님의 행렬이 오늘날 행해지는 불교의식내용과 거의 대동소이하다.

조선시대 후기에는 비교적 많은 의식집이 편찬되었는데, 여기에는 당시 범패 스님들의 계보와 불교의식 절차 그리고 범패의 사설 등이 자세히 기록되어 있어 중요한 자료로 쓰이고 있다. 현재 남아 있는 범음집으로는 『신간산보범음집(新刊刪補梵音集)』(1713년)과 대휘화상이 저술한 『범음종보』(1748년), 그리고 백파가 편술한 『작법귀감』(1826년)과 그 외 다수의 동음집(일종의 범패 악보)이 있다.

근대 불교음악

조선시대 유교의 대세로 쇠퇴의 길을 걸어온 불교계는 근대로 접어들면서 개항과 함께 들어온 서양 기독교의 교세확장과 일본 각 종파불교의 국내 유입 등으로 커다란 전기를 맞게 된다. 스님들의 도성출입이 가능해지고 불교중흥의 필요성에 대한 현실인식이 점차 확대되면서 각 사찰 산하에 근대학교가 창설되어 많은 인재가 배출되었다. 보다 실질적인 불교개혁을 도모하기 위하여 일본 각 종단에 유학생과 시찰단을 파견, 일본의 불교를 견학하게 하는 등 근대불교를 구축하기 위한 다양한 노력을 기울였다.

이러한 시대적 상황 속에서 불교음악도 새로운 전기를 맞게 되는데, 사찰 내에서의 서양음악의 도입이다. 즉 일본의 본격적인 통제 하에 들어감에 따라 1911년 각 본말사법이 제정되어 사찰 내의 전통 불교의 식행사(범패, 작법)가 전면 금지되고, 서양음악의 영향을 받아 오선보로 편찬, 작곡된 찬불가가 등장하게 되었다.

현재 알려진 근대 찬불가들은 권상로·조학유·백용성 스님에 의해 편찬되었는데, 간단히 소개하면 다음과 같다.

권상로 스님의 찬불가집

권상로 스님은 1879년 경상북도 문경에서 태어나 17세에 금룡사에서 서진선사를 은사로 출가하였다. 불교원종종무원 편집부장, 불교사 사장, 중앙불교전문학교 교수, 불교총본산 태고사 교학편집위원을 역임하였다. 1946년부터는 동국대학교 교수, 학장에 이어 총장을 지내는 등 특히 교육분야에서 귀중한 업적을 남겼다.

저서로는 『한국불교개혁론』이 있으며, 교무원포교사강습회위원, 금강산 선전부 간사로서 불교포교운동에도 관여하여 87세로 입적할 때까지 한국불교학의 성립과 발전에 영향을 끼쳤다.

1925년에 재단법인 조선불교중앙교무원에서 발행한 찬불가집 『은듕 뎐』은 현재 알려진 찬불가 악보 중 가장 오래된 것이다. 여기에는 『부모은중경』의 내용을 알기 쉽게 한글로 풀어 창가풍의 곡을 붙인 10곡과 〈찬불가〉, 〈신불가〉로 명명된 2곡이 더해져 총 12곡이 수록되어 있다. 그런데 작사가는 권상로로 되어 있으나 작곡자의 이름이 명기되어 있지 않다. 이는 당시 유행하던 창가·찬송가·일본 찬불가 등의 곡을 차용하였기 때문에 작곡가의 이름이 빠져 있지 않았나 하는 의심을 갖게 한다.

12곡의 곡명을 소개하면 다음과 같다.

❶ 찬불가(讚佛歌) ❷ 회탐수호은(懷眈守護恩) ❸ 임산수고은(臨産受苦恩) ❹ 생자망우은(生子忘憂恩) ❺ 인고토감은(咽苦吐甘恩) ❻ 회건취습은(回乾就濕恩) ❼ 유포양육은(乳哺養育恩) ❽ 세탁부정은(洗濯不淨恩) ❾ 원행억념은(遠行憶念恩) ❿ 위조악업은(爲造惡業恩) ⓫ 구경연민은(究竟憐愍恩) ⓬ 신불가(新佛歌)

이 중 〈회탐수호은〉(악보 3)은 창가풍의 간단한 선율과 가사로 되어 있어 누구라도 부르기 쉽도록 되어 있다.

3_회탐수호은

조학유 스님의 찬불가집

조학유 스님은 해인사에서 수행하였으며, 탄생에 관한 기록은 알려져 있지 않다.

1914년 일본유학생파견단의 일원으로 동경 진언종풍산대학(현재 대정대학)에 유학하여 1919년 졸업하였다. 귀국 후 조선불교청년회 상무간사, 불교유신회 사찰령폐지건 백서 대표 및 조선불교총동맹 조직의 대회준비위원, 조선불교총동맹 2대 회계장 및 중앙불교전문학교 회계

주임 등을 역임하였으며, 포교사대회 및 조선불교선교양종승려대회에 참가하여 불교유신운동과 사찰령철폐운동을 전개하는 등 근대 불교운동에 온 힘을 기울였다.

일본유학의 경험을 살려 귀국 후 불교개혁과 포교운동에 전력을 다하였으며, 1926년 10월부터 다음 해 11월까지 발행된 잡지『불교』에 총 24곡의 찬불가를 발표하였다. 여기에 게재된 찬불가는 기존에 불리고 있던 곡을 재편집하여 가사를 붙인 찬불가 모음집과 같은 성격의 악보집이었다.

서언에는 찬불가를 편집하게 된 이유·목적 그리고 찬불가 창작에 대한 간절한 희망 등이 자세하게 기록되어 있는데, 이를 통해 당시 근대 불교음악의 열악한 상황을 짐작할 수 있다. 즉 당시 사찰에서 불린 대부분의 찬불가는 타 종교의 선율을 차용하여 그 위에 가사만을 바꿔 부른 것이 일반적이었다.

『불교』에 게재된 24곡을 나열하면 다음과 같다.

```
제 1편 삼대예식(三大禮式)
1. 찬불가(讚佛歌)   2. 불타(佛陀)의 탄생(誕生)
3. 불타(佛陀)의 성도(成道)   4. 불타(佛陀)의 열반(涅槃)

제 2편 보통예식(普通禮式)
5. 집회(集會)   6. 산회(散會)   7. 축진산(祝晉山)   8. 교당낙성(敎堂落成)
9. 교당기념일(敎堂記念日)   10. 화혼식(花婚式)   11. 불전추도(佛前追悼)
12. 정반왕궁(淨飯王宮)

제 3편 석가일대(釋迦一大)
13. 백상(白象)의 꿈   14. 룸비니 동산의 봄   15. 싯타르타(悉達)의 명명(命名)
16. 성모(聖母)의 죽음   17. 염부수하(閻浮樹下)의 느낌   18. 선각왕녀(善覺王女)
19. 삼시전(三時殿)   20. 궁중(宮中)의 감상(感想)   21. 춘일(春日)의 산보(散步)
22. 월하(月下)의 명상(冥想)   23. 애(愛)의 별(別)   24. 태자의 고행(苦行)
```

〈찬불가〉(악보 4)는 조학유 스님이 『불교』에 발표한 첫 번째 곡이며, 가사는 약간 다르지만 현재까지도 사찰에서 빈번히 불려지고 있다.

백용성 스님과 찬불가운동

백용성 스님은 1864년 전라북도 남원에서 태어났으며 속명은 상규, 법명은 진종, 법호는 용성이다. 16세에 해인사 극락암 만월 스님을 은사로 출가하여 선을 중심으로 한 수행을 하였다. 저서로 『선문요지』가 있으며, 1914년에는 선학원을 세워 선의 포교에 전력을 다하였다.

1919년 불교계 대표로 3·1 독립운동에 참가하여 1년 6개월의 옥고를 치른 후 불교간행사업에 본격적으로 뛰어들었다. 새로운 불교운동을 전개하기 위해 대각교를 설립하고 선농불교의 중요성을 제창하여 백운산을 개간하여 화과원을 설치하였다. 또한 잡지 『불일지』를 편집, 출판하여 불교대중교화와 민중계몽에도 온 힘을 기울였다. 대각사에 불교일요학교를 설치하고 아동을 교화하기 위해 스스로 찬불가를 작곡하기 시작했다.

백용성 스님이 집필한 『대각교의식』에는 〈왕생가〉, 〈권세가〉, 〈대각교가〉, 〈세계기시가〉, 〈중생기시가〉, 〈중생상속가〉, 〈입산가〉 등 총 7곡의 찬불가가 수록되어 있으며 악보가 전하는 것은 〈권세가〉, 〈왕생가〉 두곡으로, 누구나 쉽게 따라 부를 수 있는 단순한 선율의 창가풍의 곡으로 되어 있다.

〈왕생가〉(악보 5)는 스님의 대표곡으로 알려져 있다. 끝소절의 '나무아미타불'을 돌림노래처럼 계속 부르게 한 점이 전통민요 형식과 비슷하여 신도들이 친근감 있게 부를 수 있도록 하였다.

4_찬불가

5_왕생가

부처님의 자비원력 남무아미타불 / 도으시고 증명하사 남무아미타불
일심으로 염불공덕 남무아미타불 / 극락인도 하옵소서 남무아미타불

현대 불교음악

1945년 해방 이후 현재에 이르기까지 우리나라 불교음악은 범패를 중심으로 한 전통 불교의식음악과 새롭게 창작발표된 다양한 장르의 찬불가가 서로 공존하면서 발전하여 왔다. 특히 1911년부터 모든 사찰의 불교의식연행이 금지되면서 거의 사라질 위기에 있던 범패와 작법이 태고종 스님들을 중심으로 다시 그 면모를 찾아가게 된다. 그리고 1973년에는 범패가 중요무형문화재로 지정되어 불교의식음악이 불교계뿐만이 아니라 음악학, 민속학 등 학계의 연구대상으로까지 확대되어 다양한 각도에서 연구가 진행되고 있다.

현대 불교의식음악은 사찰 내에서뿐만이 아니라 공연무대로까지 확대되어 국내는 물론 세계 각국에서 활발하게 공연되어 절찬을 받는 등 음악을 통한 불교포교의 커다란 역할을 담당하고 있다. 또한 창가풍의 단순한 선율에 머물러 있던 근대 찬불가가 더욱 발전하여 각종 법회나 크고 작은 불교행사에서 빼놓을 수 없는 의식음악으로 발전하였다.

범패

범패는 불교의식 때 불리는 모든 염불을 말하는데, 좁은 의미로는 전문적 의식스님들에 의해 불리는 안채비소리·바깥채비소리·화청만을 의미한다. 주로 영산재(사진 6), 수륙재, 생전예수재, 49재 등 재

6_조계사
영산재 올리는 장면

를 올릴 때 부르는 노래이다. '범'은 범음, 즉 천상의 소리를 말하며, '패'는 산스크리트어 'Phasa'의 음역어로 패익, 파사라고도 하며 찬탄의 의미이다. 범패는 일명 범음 혹은 어산이라고도 하며, 인도(引導)

소리라고도 한다.

　범패는 가곡, 판소리와 더불어 우리나라 3대 성악곡 중의 하나로 우리 음악의 뿌리가 되고 있다. 그러나 여느 음악과 달리 범패는 장단과 화성이 없는 단성 시율로 구성되어 있으며, 일정한 악보가 없이 오롯이 구음으로만 전해지기 때문에 전수에 있어 어려움이 있다. 배우는 데 시간도 많이 소요될 뿐 아니라 그 과정도 철저히 스승과 제자의 일대일 학습을 통해서만 익혀져 왔다. 수행자가 깨달음을 구하듯이 범패를 통해 미묘하고도 찬연한 부처님의 음성을 담아내는 것이 범패승들의 수행적 과제였던 것이다.

　범패란 불교의 가르침을 소리로 그려내는 지난한 수행의 한 결과물이다. 동시에 몸(身)·입(口)·정신(意)을 통해 부처님 말씀을 이루어내는 것, 그것이 범패의 기능이며 불교적 의미인 것이다. 또한 청각 및 시각적인 장엄의식을 통해 신심을 더욱 심화시킨다는 점에서 교리적 기능도 빼놓을 수 없는 덕목이다.

　범패는 불교의 유입과 함께 전해져 우리나라 고유의 불교의식음악으로 발전하였다고 볼 수 있으며, 현재는 각 지방에 따라 소리의 리듬과 박자가 조금씩 다른 경향을 보이기는 하지만 가사와 소리의 분류 유형은 거의 동일하다. 일반적 분류 방법인 안채비·바깥채비·화청으로 나누어 범패에 대해 간략히 살펴보자.

1. 안채비

　안채비는 불경에 해박한 지식을 가진 본사의 스님이나 재의 진행을 맡은 법주에 의해 불리는데, 권공하는 이유가 담겨 있는 4·6체 형식이나 산문형식의 문장으로 구성되어 있다. 사찰 안에서 불리는 일반적 염불이 여기에 해당하는데 유치성, 착어성, 편게성, 게탁성, 청사성, 소성, 촉원성 등으로 나눌 수 있다.

2. 바깥채비

바깥채비는 홋소리, 반짓소리, 짓소리로 구분된다.
홋소리는 오언사구, 칠언사구 등 한문으로 된 사설과 범어로 된 진언으로 구성되어 있으며 독창 또는 대중창으로 부른다. 반짓소리는 일부만 짓소리로 나머지 소리는 홋소리나 평염불로 불리는 곡을 말한다.
짓소리는 홋소리에 비해 소리가 유현 청화하며 짧은 게송으로 되어 있지만 연주 시간이 길고 장엄하다. 과거에는 72종이 불렸다는 기록이 남아 있으나 현재 불리는 것은 15곡 정도에 불과하다.

3. 화청

화청은 화청과 회심곡으로 나눌 수 있으며 사설형식의 가사를 개개인의 독특한 음성으로 부르기 때문에 일반인들도 그 뜻을 쉽게 이해할 수 있는 특징이 있다.
화청의 내용은 불보살을 청하여 그 공덕을 찬탄하며 재를 지내는 신도의 소원성취를 기원하거나 영가의 극락정토 왕생을 발원하는 의식적 내용으로 되어 있다. 화청의 종류에는 〈상단축원화청〉, 〈지장축원화청〉, 〈팔상화청〉, 〈육갑화청〉, 〈고사선염불〉, 〈부모은중경청〉 등이 있으며, 축원화청은 북과 태징 반주에 독창으로 불린다.

회심곡은 인간의 권선징악과 희로애락 그리고 생로병사와 관련된 내용으로 구성된 것과 『부모은중경』 중 덕담 부분을 뽑아서 한글 가사로 만든 것이 있으며, 축원화청을 부르기 전에 독창으로 부른다. 회심곡의 종류는 실로 다양하여 전부 소개할 수는 없으나 몇 가지를 소개하면 〈왕생가〉, 〈열반가〉, 〈몽환가〉, 〈경축가〉, 〈자책가〉, 〈서왕가〉, 〈신불가〉, 〈성도가〉, 〈시왕지옥가〉, 〈백발가〉, 〈참선곡〉, 〈권선곡〉, 〈별회심곡〉 등이 있다.

별회심곡

세상천지	만물중에	사람밧게	또있는가
여보시요	시주님네	이내말씀	들어보소
이세상에	나온사람	뉘덕으로	나왔는가
석가여래	공덕으로	아버님전	뼈를빌고
어머님전	살을빌어	칠성님전	명을빌고
제석님전	복을빌어	이내일신	탄생하니
한두살에	철을몰라	부모은덕	알은손가
삼십을	당하여도	부모은공	못다갑아
어이업고	애달고나	무정세월	여류하야
원수백발	도라오니	업든망령	절로난다
망령이라	흉을보고	구석구석	웃는모양
애달고도	설은지고	절통하고	통분하다
할수없다	할수없다	홍안백발	늘거간다

해방 이후의 찬불가집

김정묵 스님의 찬불가

해방 이후 편찬된 찬불가집으로 1948년 당시 대한불교중앙포교사로 있던 김정묵 스님이 편찬한『찬불가』가 있다. 서문에는 신불교운동의 일환으로 찬불가집을 편집하게 되었다는 것과, 수록된 곡들의 대부분은 각 포교당에서 불리고 있던 것을 수집, 편찬했다는 내용이 언급되어 신곡이 아닌 기존 찬불가의 모음집이라는 사실을 알 수 있다. 그러나 이 찬불가집은 출판과 함께 전국 각지에서 주문이 쇄도하여 초판에 2천부, 재판에 3천부, 그리고 3판이 등사작업으로 500부가 제작, 보급되는 등 대단한 인기를 모았다.

『찬불가』는 제1부 삼보편, 제2부 의식편, 제3부 집단편, 제4부 어린이편 등으로 나누어져 총 132곡이 수록되어 있다. 그 중에는 김정묵 스님이 직접 작사한 44곡이 포함되어 있는데, 이것은 김정묵 스님이 얼마나 뜨거운 열의를 가지고 찬불가 제작 및 찬불가를 통한 불교대중화 운동에 힘을 기울였는지 알 수 있게 한다. 또 이『찬불가』에는 1920년대 찬불가 운동과 보급에 활약한 권상로 스님이 작사한 〈불보찬(佛寶讚)〉, 〈삼업(三業)〉, 〈봄마지〉, 〈학도권면가(學徒勸勉歌)〉와 조학유 스님이 작사한 〈세계기시가(世界起始歌)〉, 〈중생기시가(衆生起始歌)〉 등이 있는데 1920년대에 발표된 찬불가집에는 보이지 않는 신곡으로 주목된다.

정운문 스님의 찬불가집

정운문 스님은 1928년 전남 장성에서 출생하여 1944년 경기도 망월사에서 인곡화상을 은사로 출가하였다. 대각사 서울연화어린이회, 개운사 보리수어린이회 등을 창립하고 찬불가를 지어 어린이들에게 부르게 하는 등 특히 어린이·청소년 포교에 지대한 관심을 갖고 찬불가운동을 전개시켜 나갔다. 직접 작사 작곡하여 발표하기도 하고 추월성, 정민섭, 이찬우 등과 같은 작곡가들에게 위촉하여 곡을 받는 등 찬불가 창작과 찬불가를 통한 불교교화에 전력을 다하였다. 대표적 찬불가집으로『불교동요집』(1964년),『행복의 문』(1979년),『어린이 찬불가』(1985년),『불교성가집』(1983년) 등을 들 수 있다.

『불교동요집』은 ① 언니의 노래 ② 동생의 노래 ③ 애기 노래 ④ 의식의 노래 등으로 세밀히 구분하여 편집하였을 뿐 아니라 연령에 맞게 가사와 리듬을 선택하여 구성하는 등 어린이에 대한 세심한 배려와 음악적 효과를 꾀하였다.『불교동요집』에 실린 모든 곡의 가사는 정운문 스님이 지었으며, 작곡은 당시 음악대학 출신의 불교신자인 추월성, 정민섭, 이철우 등의 손에 의해 제작되었다.

이어 발표된『어린이 찬불가』는『불교동요집』에 발표된 곡에 새롭게 창작된 83곡을 첨가하여 편집, 출판하였다. 다음에 발표된『불교성가집』은『어린이 찬불가』,『불교동요집』에 수록된 곡을 재정리하고 새롭게 만들어진 곡을 ① 의식편 ② 찬불·발원편 ③ 성탄·성도편 ④ 성가편 ⑤ 동요편 ⑥ 부록편으로 분류하였는데, 새롭게 첨가된 곡에는 혼성 4부합창, 독창과 합창이 함께 있는 곡, 칸타타형식의 찬불가 등 다양한 형태의 곡이 많이 수록되어 한층 진보된 찬불가집임을 알 수 있다.

위와 같은 적극적인 찬불가 제작 및 보급에도 불구하고 당시 불교계는 서양음악인 찬불가를 부정적으로 보는 경향이 강해 정운문 스님의 찬불가 운동은 정신적, 경제적으로 많은 어려움을 겪었다.

1970년대 이후의 찬불가

해방 이후 김정묵 스님과 정운문 스님의 지극한 노력으로 면면히 발전해 온 찬불가는 1970년대에 들어서면서 점차 불교계로부터 공식적인 관심을 받게 되어 더욱 발전할 수 있는 계기를 맞이하였다. 조계종 주최 찬불가 공모전을 통해 당선된 최영철의 '삼귀의'와 '사홍서원'은 이러한 배경 아래 탄생된 것이다. 이 두 곡은 현재 불교의식음악으로서 정착하여 그 위치를 확고히 하고 있다. 아울러 불교합창단이 창단되면서 찬불가를 도입하여 새로운 양식의 법회 풍토를 개척해 가기 시작한 것도 이 시기다. 그 대표적인 예가 1978년 광덕 스님(20여 편의 찬불가 작자)이 창단한 불광법회의 바라밀다합창단이다.

또 반영규, 서창업, 김희조, 홍원기, 최영철, 김용호 등 많은 작사·작곡가들에 의해 찬불가가 발표되었는데, 그 중에서도 서창업은 동요 및 가곡풍의 찬불가를 다수 발표하여 찬불가의 수준을 한 단계 높이고, 찬불가를 레코드 및 카세트 테이프로 제작하여 전국의 사원과 포교당에 보급하는 등, 찬불가를 통한 불교대중화 운동에 커다란 공헌을 하였다.

1980년대 이후 찬불가는 작사·작곡가들의 끊임없는 창작활동은 물론 신진 작사·작곡가들의 활발한 신곡 발표와 찬불가운동에 힘입어 그 음악적 형식에서도 다양한 형태를 띠게 되어 그야말로 찬불가의 전성기를 맞게 되었다고 볼 수 있다. 또한 이 시기는 전국 각 사찰에 불교합창단이 창단되고 불교음악공연이 빈번히 개최되면서 찬불가는 더욱 대중화되어 갔다.

광덕 스님이 작사하고 박범훈 교수가 작곡한 〈보현행원송〉(1992년 세종문화회관 대강당 2회 공연), 〈부모은중송〉(1996년 국립극장 대극장 공연)은 경전 말씀을 노랫말로 지어 작곡한 국악교성곡으로 찬불가의 새로운 효시가 되기도 했다.

　이러한 찬불가의 발전은 1990년대 불교방송국의 신작 찬불가 제작 사업(1991년~1995년)으로 이어져 불교음악은 질적, 양적으로 큰 성과를 거두게 된다. 현재는 실내악곡, 관현악곡, 무용극, 불교가요, 불교동요, 국악풍 찬불가 등 다양한 장르의 곡들이 끊임없이 발표되어 불교음악을 더욱 풍부하게 하고 있다.

3 불교문학

Buddhist literature

　불교문학을 이해하기 위해서는 먼저 불교와 문학을 이해해야 한다. 불교란 부처님의 가르침이며, 문학이란 언어를 매개로 하여 인간의 상상력에 의해 만들어지는 허구이다.
　그렇다면 불교와 문학의 공통점은 무엇일까? 언어라는 공동의 토대를 공유하고 있다는 것이다. 하지만 언어를 이용하는 방식에 있어서는 또 다르다. 종교는 언어를 수단으로 삼는 반면, 문학은 언어 자체의 실현을 목적으로 하기 때문이다.

불교문학이란 무엇인가

　불교문학을 이해하기 위해서는 먼저 불교와 문학을 이해해야 한다. 불교란 부처님의 가르침이며, 문학이란 언어를 매개로 하여 인간의 상상력에 의해 만들어지는 허구이다.
　그렇다면 불교와 문학의 공통점은 무엇일까? 언어라는 공동의 토대를 공유하고 있다는 것이다. 하지만 언어를 이용하는 방식에 있어서는 또 다르다. 종교는 언어를 수단으로 삼는 반면, 문학은 언어 자체의 실현을 목적으로 하기 때문이다.
　이런 점 때문에 불교문학을 규정하는 범위가 달라지는데, 크게 세 가지의 관점으로 얘기할 수 있다.
　첫째, 불교경전 및 부처님의 가르침에 관계되는 저작물 일체를 불교문학으로 보는 경우로, 불교와 문학의 한계를 정할 수 없게 되어 문제가 생긴다.
　둘째, 불교적인 것을 표현한 저작물을 말하는데, 첫 번째 것과 유사하지만 여기에는 불교경전과 불교창작문학만을 포함한다.
　셋째, 불교문학을 순수하게 문학의 영역으로만 보고 문학형식에 불교적 사상을 담고 있는 창작물만을 말한 경우인데, 이 경우에 경전은 소재로서의 가치가 있을 뿐이며 그 자체로서의 특징은 약하다.
　이상의 세 가지 관점을 통해 불교문학을 정리해 보면 불교경전문학과 불교창작문학을 불교문학이라 정의할 수 있게 된다.
　종교문학에서 가장 중요한 것은 사람들에게 올바른 세계관과 가치관을 심어주어야 한다는 것이다. 불교문학 역시 불교의 진리를 대전제로 출발하여 작가의 상상력과 문학적 향기가 더해져 불교정신이 구현되어야 한다. 문학을 도구로 하여 사람들의 가슴에 알게 모르게 불교의 향기가 스며들도록 해야 하는 것이다.

이런 점에서 불교문학은 시대와 역사, 사회적 환경의 산물로 우리나라의 역사와 더불어 공존해온 불교사상, 불교정신이 그 속에 훈습되어 있다는 것은 지극히 자연스럽고 당연하다. 오랜 역사를 이어 온 불교사상이 한국인의 정신세계에 거부감 없이 자리잡고 우리들의 생활 전반과 내면적 정신세계에 깊숙하게 뿌리를 내린 데는 그만큼 불교문학이 기여한 바가 크다 할 수 있다.

문학이 인간의 사유와 감정과 체험을 이야기한다고 할 때, 불교문학

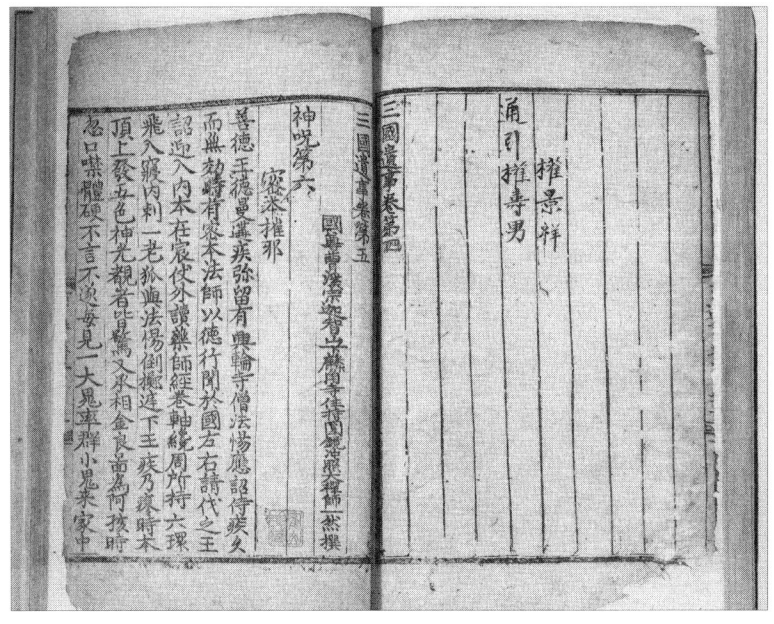

『삼국유사』,
조선 초기, 보물 419호,
개인소장

은 삼장과 십이분교 등 부처님의 가르침 전반을 포함한다. 특히 경전 가운데 『법구경』이나 『화엄경』, 『본생담』, 『법화경』 등은 표현에 있어 섬세한 문학적 완성도를 보이고 있다. 그렇지만 이 경전들이 문학적 감동보다는 종교적 가르침을 목적으로 한다는 점에서 불교문학의 영역에서 언급되기는 부적절하다.

우리나라에서 본격적인 불교문학은 통일신라시대의 향가에서 비롯된다. 작가가 대부분 승려나 신도들이고 내용도 불교적인 소재를 주로 다루고 있다. 정제된 한국문학의 장을 여는 신라인의 노래는 바로 불교를 기반으로 한 지혜와 신비의 표현이었고, 그 이래로 수많은 문인들은 창조적 영감과 상상의 원천을 불교에서 구했다.

고려가요나 민요, 설화, 구전문학 등에도 불교문학이 폭넓게 자리하고 있다. 고려 때 편찬된 『삼국유사』는 시가와 설화, 즉 시문학과 산문문학의 일대 집대성이다. 『삼국유사』는 역사책이자 불교문학사이며 또한 손색없는 문학교과서이다. 특히 『삼국유사』에 수록된 각종 불교설화들은 대표적 불교설화문학으로 손꼽힌다. 또한 사찰의 창건 또는 큰스님의 행장과 관련된 설화문학도 많이 전해오고 있다.

또한 불교문학은 구전이나 설화 등의 형식으로 많이 남아 한문을 즐겨 썼던 식자층보다는 민중의 입에서 입으로 전해져 왔음을 알 수 있다. 이처럼 민족의 심성 속에 깊숙이 자리잡은 불교는 근대 이후 문학에도 깊이 내재되어 다양한 장르에서 불교의 정신을 문학으로 승화시키고 있다.

불교시

게송

 게송이란 불교의 가르침을 함축하여 표현하는 운문체의 짧은 시구를 말한다. 우리가 잘 아는 『금강경』에 나오는 사구게를 비롯하여 「무상게」, 「법성게」, 「보문품게」 등 경전상에 나오는 게송만 해도 헤아릴 수 없이 많다. 대표적인 초기불교 경전인 『숫타니파타』의 경우는 전문이 짧은 운문 형태로 구성되어 있다. 이 외에도 경전을 살펴보면 부처님과 제자들의 문답 또한 게송으로 이루어져 있다.

 게송은 짧은 운문체 시구로, 리듬감이 있어 비유를 통한 역설적 강조 혹은 반복을 통한 주제의식을 부각시키는 데 탁월하다. 특히 법문을 설하는 전달자의 선지(禪旨)를 드러낸다. 효봉선사가 오도송을 읊었을 때 석두선사는 제자의 개안을 크게 기뻐하면서 역시 게송으로 그 기특함을 답하고 격려하였다. 불립문자로 지켜온 침묵의 정진을 선사들은 그렇게 게송을 통해서 말문을 텄던 것이다.

 대표적인 게송은 전법게 · 오도송 · 임종게 · 열반송 등이 있다. 전법게는 법을 전할 때 하는 게송을 의미하며, 임종게와 열반송은 입적에 드는 순간에 남기는 게송으로서 한평생 수행의 결과를 제자들과 대중들에게 설법하는 의미를 담고 있다. 그리고 오도송은 깨달음의 순간을 읊은 게송으로서 개안의 기쁨과 깨달음의 실체를 상징적으로 표현한 것이다. 깨달음의 세계를 언어로 빚어내는 최초의 순간인 만큼 오도송은 수행자 개인적으로나 불교적으로나 가장 의미가 깊은 게송이다. 오도송을 일러 선시의 결정체라 하는 이유가 여기에 있다.

선시

게송이 불교를 설파하는 전통적 형식이라면, 선시는 주제에 있어 보다 선적이며 좀더 시적인 표현양식이라 할 수 있다. 선시는 선의 세계를 언어로 표현해낸 것인데, 사실 선의 세계는 깨달음의 세계로 어떤 언어나 문자도 용납하지 않을 뿐 아니라 일체의 형식적인 틀을 거부한다. 왜냐하면 어떤 형식의 틀에 갇히면 이미 본래의 생명력을 잃어버리기 때문이다. 그래서 옛날부터 선사들은 "입을 열면 어그러지니 침묵할 수밖에 없다"고 하셨다. 이는 불립문자, 언어도단의 불가피성을 말하는 것이다.

그래서 불가에서는 깨달음의 세계를 말이 아니라 방(棒)과 할(喝), 그리고 화두로써 표현하고 전해 왔다. 그러나 선의 세계는 쉽게 접근하기도 어려울 뿐만 아니라 언어를 빼면 달리 소통의 길도 없는 것이 현실이다. 바로 여기에서 가장 초월적이면서도 파격적인, 다른 어떤 문학 장르와도 차별되는 독특한 선시만의 세계가 탄생되었다.

선시는 기본적으로 선의 세계를 바탕으로 하고 있다. 언어를 빌리고 있지만 그 본질은 깨달음의 세계를 보여주는 데 참뜻이 있다. 따라서 선시는 설명적 기능보다는 상징적 기능에 더 충실하게 쓰여진다. 이렇게 보면 선시는 엄밀히 말해 쓰여졌다기 보다는 깨달음의 순간에 저절로 쓰여지는 경지의 시적 표현이라고 할 수 있다.

이런 뚜렷한 차별성에도 불구하고 선시가 흔히 일반적인 불교한시나 여타 불교적 시들과 구별되지 않는 경우가 허다하다. 특히 최근 일어나고 있는 변화의 하나로 선적 경향의 시들이 많이 창작되고 있다. 그러나 선시란 단순히 선적 경향이 아니라 선의 본질을 꿰뚫고 있어야 함을 상기해야 할 것이다. 따라서 선시는 문학적 이해에 앞서 선적 이해와 수행 속에서만 바른 이해를 구할 수 있을 것이다.

불교한시

불교시를 굳이 선시와 불교한시로 영역으로 이분해야 하는가에는 이론이 있을 수 있다. 하지만 불교시의 범위가 매우 넓고 그 중에는 승려가 아니면서도 선리 및 선취적 내용을 담고 있는 유자(儒者)들의 시가 적지 않으므로 두 양식을 분별하여 파악하는 것이 실상에 더 부합한다. 물론 불교한시는 불교적 사상과 그 상상적 세계를 통한 시화로서, 미학적 기반 위에 축조된 언어적 응축물이므로 언뜻 선시와 거리감이 드러나지 않을 수 있다.

하지만 선시에 비해, 선적 각성의 시적 승화만을 집요하게 고수하지 않고 불교적 사변과 깨달음에 있어서 어느 정도의 융통성을 보이는 시라고 해야 할 듯하다. 저술층이 승려로 한정되지 않는 데서 나타나듯 깨달음에서 오는 법열이나 공안(公案)과 같은 역설적 발화만이 시를 지배하는 것으로 규정할 필요가 없다. 즉 선시에서 배제된 지식인 혹은 유자들의 시라 할지라도 불교적 교리나 취의성을 반영하고 있다면 이를 불교한시라고 할 수 있다.

불교가사

불교가사는 불교적 내용을 담고 있으며, 전통적으로 불려지던 가사의 형식을 통해 불교사상과 교리를 설파하는 노래를 가리킨다. 포교적 기능을 가장 큰 특징으로 하고 있는데, 무지한 대중들을 대상으로 불교의 신념이나 사상을 알리는 데 적합한 양식이다. 작자층은 주로 승려들이며 간혹 불교교리에 밝고 호불적인 사대부 등 지식층에 의해 창작되는 경우도 있었다. 내용은 단순한 불교적 교리의 주입에서 벗어나 스스로의 체험을 근거로 세속적인 명예나 권력이 얼마나 허무한 것인지를 깨우쳐 주는 데 힘을 쏟았다.

어록

어록은 고승의 말씀을 기록한 것이다. 일반적으로 깨우침의 방편으로 삼아 제자를 교도할 목적에서 그 문인이나 시자들이 스승의 법문과 말씀을 채록하여 편찬한 것을 가리킨다.

스승과 제자가 특별한 형식 없이 문답한 것이지만 후학들이 이를 참구하여 깨우침에 이르게 하는 방편적 기능에서 어록의 의미를 찾아왔다. 형식면에서 온전한 시가라 부르기 어려우나 시로써 생각의 계기와 함께 이치를 깨우쳐주는 시게(詩偈)가 포함되므로 불교시로의 편입이 가능해지는 것이다. 하지만 어록을 고승들의 시문, 잡문을 포괄하는 명칭으로 시가형식의 모음이라고 생각해서는 곤란하다. 이 속에는 게송 이외에 법어는 물론 서(書), 소(疏), 탑명(塔銘), 행장(行狀), 제문(祭文) 등까지 다양하게 혼재해 있으므로 시가로서의 어록은 따로 선별해서 보아야 한다.

현대 불교시

불교시는 한문으로도, 우리말로도 쓰여질 수 있는 것이지만 시대적으로 우리말이 중심이 되고 현대시가 보급된 20세기 들어와서는 선시나 불교한시 대신 자유시의 형식을 취하게 됐다. 불교적 교리 및 불교적 상상력에 의거해 새롭게 창작되기 시작한 것이 현대 불교시의 시작이라고 할 것이다.

현대시사(現代詩史)에서 불교시의 수준을 확장한 첫 번째 인물은 만해 한용운이다. 한시나 선시적 전통에서 국문시, 자유시로의 전환기에 그는 과거의 전통을 과감히 떨치고 탁월한 수준의 시들을 남김으로써 불교 시인으로서 입지를 구축하였다. 그가 남긴 많은 작품 중에 가장 대표작은 누가 뭐래도 「님의 침묵」이다.

최남선은 최초의 현대시 작가로 알려져 있다. 시조집 『백팔번뇌』와 수필집 『심춘순례』는 그가 평소 지녔던 불국토의식 혹은 이 땅의 정토화의식을 강하게 반영하고 있다. 근대문학기의 대표적 문사인 이광수는 현대 불교시 영역에까지 범위를 넓힌 경우이며, 「승무」로 널리 알려진 조지훈은 선리·선취적 분위기가 강한 대표적 현대 불교시인이다. 이 외에도 김달진, 오상순, 서정주 등을 통해 오늘에까지 현대 불교시의 명맥은 뚜렷이 이어져 오고 있다.

불교서사

불교설화

우리가 일반적으로 알고 있는 설화란 기억에 의존하여 입에서 입으로 전해지는 이야기를 가리킨다. 따라서 불교설화란 불교적 내용을 간직한 채 사람과 사람 사이에서, 시대와 시대를 넘어 폭넓게 전해지는 이야기라고 정의될 것이다. 불교설화가 동양은 물론 세계 각국으로 퍼져나간 원동력은 물론 부처님의 말씀을 정리하고 있는 불전(佛典)에 있다.

불전에 기록된 부처님 말씀은 오롯이 대중을 대상으로 하고 있다. 대중을 교화하기 위한 방편에서 출발하였으며, 후세에까지 깨달음의 말을 전하기 위해 설해진 것이 훗날 결집되었다. 따라서 자연스럽게 그 말씀은 대중 속에서 살아 숨쉬는 가장 쉬운 언어로 표현되었고, 누구나 이해할 수 있도록 구성되어 있다. 불전문학은 그 자체로 비유와 설법의 보고(寶庫)인 셈이다.

우리나라 불교설화로 범위를 좁힐 때, 불전에 기원을 두고 전파된 외래설화와 삼국시대 이래 불교적 풍토에서 자생적으로 발원한 설화로 나누어 생각할 수 있을 것이다. 전자의 경우 본생설화, 비유설화, 인연설화로 나누어지며 불전 결집 후 문학화되어 불교의 포교에 절대적인 역할을 한다. 한역된 것 중에서도 『생경』, 『육도집경』, 『선집백연경』, 『잡보장경』, 『현우경』, 『백유경』 등은 설화가 풍부하게 실려 있는 경전으로 삼국시대 이후 이를 수용하는 한편 나름의 설화 발생에 촉매적 구실을 한 것으로 보인다.

　자생적 불교설화의 여러 양상을 살피는 데 있어 『삼국유사』는 무엇보다도 중요한 의미를 갖는다. 『삼국유사』를 통해 삼국시대의 불교설화가 대상과 내용에 있어 얼마나 다채롭게 전개되었던가를 알 수 있고, 나아가 일반 서사문학에 이르기까지 심대한 영향을 끼쳤음을 짐작해 볼 수 있다.

　특히 불교설화는 승사(僧事)와 불교철학과 설화 미학의 세 가지 요소로 지탱되는 것이기에 어느 한쪽에 초점을 맞추어 말하기 어려운 복합적 성격의 서사물이다. 따라서 우리나라 불교설화의 내용적 측면을 불·법·승 삼보에 걸친 이야기로 구분지어 보는 것도 불교설화를 정리하는 한 방법이 된다.

　이 중 사찰연기설화는 사찰의 역사를 이야기의 목표로 삼은 것이고, 불전설화는 부처님의 심오한 가르침을 부지불식간에 터득하도록 하는 데 그 서사적 초점을 두고 있음을 간파해야 할 것이다. 그렇다고 해서 이들이 설화 일반의 서사적 원리를 벗어나는 나름의 독특한 화법을 구사한다고 생각해서는 안 된다. 불교설화도 역시 설화문학의 일반적 서사문법에 귀속되는 제 요소를 그대로 간직하고 있다.

　이처럼 불교설화는 무지한 대중을 교화하고 흥미를 촉발하기 위한 데서 출발한 구술문학에 불과하지만, 소설 같은 세련된 장르를 탄생시키는 단초 구실을 했다는 점에서 특히 서사문학적 의의를 과소평가할 수 없다. 그만큼 불교설화의 문학적 가치와 그 파급효과는 밝혀진 것보다 드러나지 않은 면이 더 많은 영역이라고 할 것이다.

승전

승전(僧傳)은 승려의 일대기에 해당하는 전기문학으로, 불교문화의 융성과 함께 싹트고 널리 읽혀지고 창작되다가 우리 시대에 들어와 양식적 소임이 쇠잔해진 서사물이다. 스님의 생애를 기록한다는 것은 그 배경에 불법과 승려를 존숭하고 따르는 사회적 합의를 전제하는 것으로, 삼국시대나 고려시대에 숱한 승전이 지어진 것은 이와 무관하지 않다.

조선시대는 승려의 신분이 급전직하한 시기로 자연히 승전 찬술의 열기가 시들해진 것은 당연했다. 승려의 문집에 행장 및 승전 등이 첨부되기도 하나 그것은 과거 승전 찬술의 열기와는 비교할 수가 없었다. 이런 가운데 조선시대 후기에 와서 두 가지 종합적 체제의 승전이 엮어졌는데, 『동국승니록(東國僧尼錄)』과 『동사열전(東師列傳)』이 그것이다. 출현시기가 그러하듯 암흑기를 거쳐 온 불교의 역사나마 지난 시대의 승사를 종합화, 체계화해야 한다는 지성들의 자각이 있었기에 가능한 일이었을 것이다. 하지만 지난 시기의 승전을 거의 그대로 수습해 싣고 일부 조선시대 승려들을 보완하는 데 그친 것이어서 큰 문학사적 의의를 부과하기에는 부족하다.

불교 고소설

본격적으로 소설이 등장하는 것은 조선시대 초기이지만 이미 신라와 고려시대에 다양한 설화가 전파되었고, 이는 조선시대에 이르러 불교사상과 세계관을 반영한 다수의 소설을 출현시키는 계기가 되었다. 여기에 한글의 활용 여부를 실험하기 위한 『석보상절(釋譜詳節)』 등의 서사문학의 출현 또한 불교소설의 창작에 불을 지핀 계기로 여겨진다. 특히 불교소설은 민중과 부녀자층의 홍교(弘敎)나 경전의 이해에 부차적 방편이 될 수 있었다고 보는데, 이는 한글이나마 문자를 해득하는 층이 두터워지면서 함께 일어난 현상이다. 한편으로 입에서 입으로 전해지던 구비문학이 문자로 정착되는 분위기가 조성되었다.

불교소설의 다른 한 부류는 작가가 불교에 대한 깊은 이해를 바탕으로 창작에 임해 불교적 주제를 이끌어내는 경우로, 『구운몽(九雲夢)』이 대표적이다. 현생에서 부귀영화를 다 누렸으나 삶의 허무감에 사로잡혀 결국 수행자로 돌아간다는 구성적 회귀를 보여주는 이 소설은 유불선(儒佛仙) 삼교습합을 주제로 하고 있으나 결국 그 지향점은 불교정신에 두고 있다.

현대 불교소설

불교소설은 불교적 인연, 인과응보를 아우르는 주제를 지향하거나, 참된 자아를 찾거나, 인간구원이나, 생태적 삶을 이 땅에 구현시키고자 하는 작가들의 화두를 공유하는 내용들로 이루어진다. 그런 점에서 불교소설은 시대에 부합하는 이상적인 문학적 담론의 장이다.

정토사 연기설화로 『삼국유사』에 갈무리되었던 조신, 이차돈, 원효대사 등의 전설이 이광수에 의해 각각 「꿈」, 「이차돈의 사」, 「원효대사」로 탈바꿈되어 나타나는데, 이는 불교적 주제를 현대소설에 성공적으로 이식한 사례라고 할 수 있다.

이 작품들은 소재적 측면에서부터 이미 불교소설적 기운을 강하게 내비치는 반면, 같은 작가의 「사랑」, 「유정」 등은 작가 자신의 유년과 성장기의 방황과 일탈적 삶으로 곤한 심신의 의지처로 불교세계를 택했던 것으로 여겨진다. 따라서 작품의 주제지향 역시 불교의 범애(汎愛)사상이 중심에 놓여 있다고 하겠다. 그러나 이광수의 작품 중 불교적 사유를 가장 탁월하게 형상화하고 있는 소설은 「무명」이다. 「무명」은 자신을 자각하는 것이야말로 자기구원 혹은 고해로부터의 탈출임을 제시한 작품이라 하겠다.

이광수에 이어 불교적 주제의 현대소설에 관심을 보인 인물은 김동리이다. 「등신불(等身佛)」은 교과서에도 실릴 만큼 김동리의 대표작으로 통하고 있다.

이 밖에도 근대에서 오늘에 이르기까지 불교의 세계관이나 교리를 소설적 주제로 택한 작품은 수없이 많다. 예를 들어 일제 강점기 김정한의 「수라도」가 앞의 두 작품과 비교적 가까운 때 출현한 것이라면, 김원일의 『파라암』, 김성동의 『만다라』, 한승원의 『포구의 달』, 고은의 『화엄경』, 조정래의 『대장경』 등은 이 시대 현역작가들의 작품이다. 이는 이후 이들을 포함하여 더 많은 신진들에 의해 불교소설 영역이 화려하게 꽃필 것을 예고해 주는 사례들이다.

1. 불교수필

언어의 응축을 통한 사상, 감정의 표출이라는 운문과 이야기의 치밀한 구성과 구조화에 힘입어 지탱되는 서사문학을 제외한다고 하더라도, 불교와 관련하여 살필만한 여러 유형의 작품이 존재한다. 설사 이들이 정해진 장르에서 성격과 형식이 빗나간다고 하더라도 무작정 문학적 테두리에서 배제시키는 것은 곤란하다. 이는 스스로 불교문학의 영역을 좁히는 부정적 결과만 낳을 뿐이다. 장르적 경계를 엄밀하게 부여할 수 없는 제 양식을 포괄하기 위한 상위의 장르로서, 여기서는 불교수필을 설정하고 그 성격을 잠시 짚고 넘어가기로 한다.

  과거의 문학 중 서(書), 기(記), 발(跋), 표(表), 설(說), 행장(行狀), 소(疏), 논(論), 제문(祭文), 찬(讚), 명(銘), 권선문(勸善文), 사적기(事蹟記), 기도문(祈禱文), 축문(祝文) 등 실용적 가치가 앞서는 글들을 포함하여 현재까지도 여전히 쓰여지는 일기, 기행문, 편지 등을 수렴시킬 수 있는 영역이 있다면 당연 수필일 것이다. 수필은 실용성과 역사성이 두드러지게 반영되어 있어 문학적 가치 외에 주변 학문에 도리어 더 크게 활용되고 있지만 상대적으로 문학적 가치에 대한 세부적 연구는 아주 미미한 실정이다.

  그 개념적 테두리가 두루뭉술할 수밖에 없었던 과거와는 달리 현대에는 문학성이 높은 불교수필이 적극적으로 쓰여지고 있다. 이러한 경향은 갈수록 분망해지고 복잡다난한 삶 속에 빠져 허우적거리는 현대인들에게 정신적 안식이나 자기 성찰적 출구로서 그 가치를 높게 인정받는 데서 기인한 것으로 보인다. 격식에 매인 글이 아니라 불교적 사유로 잔잔하게 전하는 그 메시지가 대중들에게 어떤 양식보다 친근감을 주는 것이 아닌가 싶다. 법정 스님의 수필들은 오래 전부터 사람들의 필독서로 자리잡은 지 오래다. 근래 현각 스님이나 원성 스님 등의 수필 역시 대중의 관심을 고조시키며 간접적 법어로서, 한 소큼의 청량제가 되어 대중에게 불교적 인생관을 느끼게 하는 통로 구실을 하고 있다.

2. 불교 금석문

인간에게 있어 삶과 그 자취를 후대에 남기고픈 열망은 예나 지금이나 조금도 달라진 것이 없다. 우리나라에서도 금석문이 새겨졌고, 특히 고승이나 사찰의 역사를 돌이나 쇠에 남기려는 전통이 끊임없이 이어져 왔다. 현재 남아 있는 삼국시대와 고려시대의 비문은 대부분 당대 출중한 문인들의 작품이다. 이는 승비(僧碑)가 대상에 대한 전기나 역사적 증언물임은 물론이고, 나아가 전기문학이나 서사문학의 한 영역으로 보더라도 전혀 부족하지 않다는 것을 일러주고 있다.

승비는 형식면에서 한 개인의 일생을 압축적으로 담고 있어 유가의 비문과 다

보림사 보조선사창성탑비,
통일신라(884년),
보물 158호, 전남 장흥

를 바 없다. 그러나 유가의 것이 주로 유교적 가치관에 의거한 입신양명과 생전의 벼슬이나 활약상을 강조한 반면, 승비에서는 탄생의 신이함, 출가 및 각성 과정, 대중 구원, 그리고 입멸이 마치 단락화되듯 순차적으로 기록되는 특징을 지닌다. 그리고 비문의 끝에는 가송 형태의 시를 부언하여 앞에 기술된 전기적 사실을 다시 한번 강조한다는 점이 특징이다. 따라서 엄밀하게 말해 승비는 문과 시의 결합이라고 할 것이다.

4

Ascetic Practice Life

수행생활

    수행이란 사람의 행을 닦는 일로, 모든 일상적인 삶이 바로 수행의 현장이다. 이는 어떤 '특별한 깨침과 수행'이 따로 있는 것이 아니라, 삶이 바로 수행이요, 수행이 바로 삶이라는 것이다. 그 속에서 늘 평상심을 유지할 수 있는 것, 그것이 바로 수행의 세계다.

    이 장에서는 부처님의 법을 배우고 실천하는 삶으로서의 수행상을 특히 사찰에서의 수행생활을 중심으로 살펴보고자 한다.

의생활

가사의 유래

1. 가사의 의미와 역사

가사는 불교 법복의 하나로 장삼 위에 왼쪽 어깨에서 오른쪽 겨드랑이 아래로 걸쳐 입는 법의이다. 원래 인도에서는 버린 누더기 옷이었는데, 이를 불교에서 받아들여 불규칙하게 꿰매어 만든 옷을 가사라고 부르는 것에서 비롯되었다. 인도의 불교교단에서 제정한 법의는 청·황·적·백·흑색 등 다섯 가지 정색(正色)을 피하고, 잡색으로만 물들여 쓰도록 규정하였다. 그래서 괴색(壞色)·부정색(不正色)·탁색(濁色)·염색(染色) 등의 뜻을 가진 산스크리트어 가사·가사야·가라사유 등을 음역하여 가사라고 부르는 것이다.

2. 가사의 명칭

가사를 입고 다른 이의 공양을 받거나 다른 이에게 교법을 말해주어 자기와 다른 이가 함께 복덕을 받는 것이 마치 밭에서 곡식이 나는 것과 같다 하여 전답 모양의 가사를 복전의(福田衣)라고도 한다. 또 잘린 옷감 조각을 이어 만든 것이 인간의 모든 번뇌를 깨뜨리는 것이라 하여 해탈복(解脫服)이라고도 부른다.

부처님께서 입었다는 금란가사에 대해 불경에 가끔 기술되어 있는데, 금색실로 짜서 만든 금루직성가사(金縷織成袈裟)를 시주받아 그것을 미륵존자에게 주었다는 기록과 부처님께서 성도 후 복개천자가 바치는 금루직성가사를 입었다는 기록이 전해오고 있다.

중국에서는 이 금루직의에 해당하는 금란가사를 만들어 국왕 등이 고승에게 내리는 경우가 있었는데, 조각조각에 금색실로 수를 놓아서 승복의 장엄함을 갖춘 것이다.

우리나라에도 각 부위를 여러 가지 수로 장식한 금란가사가 신라시대 이래로 유행하였다. 신라 선덕여왕이 자장율사에게 내린 금란가사와 고려 대각국사가 입던 금란가사, 유정 스님의 금란가사 등이 그 예인데, 이 중에서 유정 스님의 것은 중요민속자료 제 29호로 지정되어 있다.

가사의 종류

1. 가사의 종류와 색깔

가사는 인도에서는 사계절의 평상복으로 입었는데, 중국에 전래되면서 불교의식 및 법회 때 편삼 위에 걸치는 의식복으로 사용되었다. 우리나라에는 삼국시대 중엽 흑장삼과 붉은 가사가 전래되어 전통적인 바지와 저고리 위에 착용하였다.

『삼국유사』에서는 신라 법흥왕이 입었다는 피방포라는 가사에 대해 언급하고 있는데, 이것은 중국에서 제일 먼저 건너온 가사이다. 그 뒤

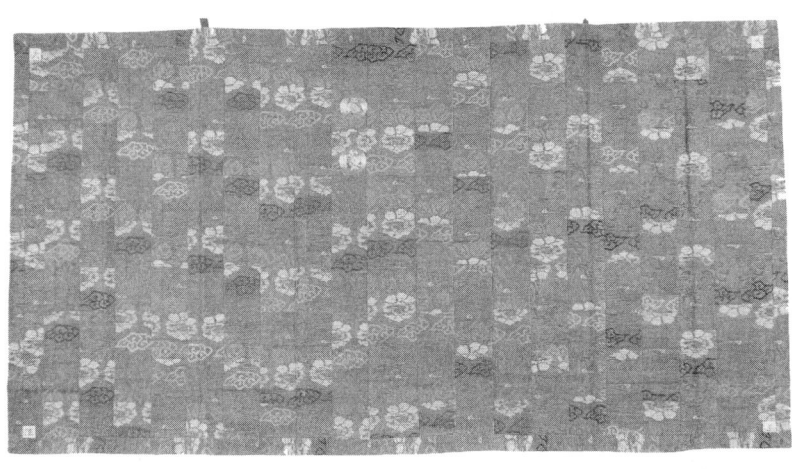

일월도자수 홍가사,
한암 스님

　자장율사가 계율과 승통의 확립과 더불어 승의(僧衣)제도를 확립하여 수행 및 법계의 차이에 따라서 다른 가사를 입게 되었다. 고려시대에 이르러서는 위로는 금란가사에서 아래로는 거사의 백저착의(白紵着衣 : 서민처럼 옷을 입는 것)에 이르기까지 다양해졌다.

　『고려도경』에는 고려의 승의제도를 자세히 설명하고 있는데 이를 살펴보면, 국사와 율사는 긴 소매의 편삼을 입고 가사를 걸치며 자상(紫裳)을 하였고, 대덕은 짧은 소매의 편삼에 토황색 괘의(掛衣)를 입고 황상(黃裳)을 하였다. 비구는 토황색 포의(布衣)나 자의(紫衣) 또는 납의(衲衣 : 누비옷)를 입었으며, 거사는 원효가 속복을 입었던 것과 차득공이 시의(緦衣 : 삼베옷)를 입었던 것과 같은 백저착의에 검은 비단 허리띠를 둘러 입는 경우가 많았다고 한다. 조선시대에 들어와서도 승의제도에는 큰 변화가 없었다.

　현대의 승의 착복규정에 따르면 입산수도 초기에 행자가 은사 스님을 정하여 5계와 10계를 받으면 마니가사(摩尼袈裟 : 조수가 없이 한 조각의 천으로 된 베가사)를 입게 된다. 그리고 비구·비구니계를 받으면 5조·7조·9조가사 등을 입으며, 종정 및 대종사는 21조·23조·25조 등을 입는다.

승의에는 승가리·울다라승·안타회의 삼의가 있다. 안에 안타회를 입고, 그 위에 울다라승, 맨 위에 승가리를 입는다. 일반적으로 가사라고 할 때는 이 승가리를 가리킨다.

승가리는 걸식의(乞食衣)·설법의(說法衣)·고승의(高僧衣)·입왕궁의(入王宮衣)·구품의(九品衣) 등으로 불리며 9조~25조까지 있다. 승가리는 조수에 따라 상·중·하품 등으로 분류하는데, 9조·11조·13조 등은 하품, 15조·17조·19조 등은 중품, 21조·23조·25조 등은 상품이라고 한다. 울다라승은 7조로 예불·독경·청강·포살 등을 할 때 입는데 상의(上衣)라고 한다. 안타회는 5조로 절 안에서 작업할 때 입으며 내의(內衣)라 한다.

더운 인도에서는 삼의 만으로 몸을 가리기 때문에 '의'라 하였으나, 우리나라와 중국 및 일본 등지에서는 추운 날씨 때문에 가사 아래 장삼을 입어 가사와 구별한다.

색깔은 적혈색 계통을 많이 이용하는데 율장에서는 다음과 같이 분류하여 설명하고 있다. 『사분율』에서는 청(靑)·흑(黑)·목란(木蘭), 『십송율』에서는 청·니(泥)·천(茜), 『설일체유부율』에서는 청·니·적(赤), 『팔리율』에서는 청·니·암갈색 등을 사용한다고 한다. 그러나 가사의 색은 세 가지로만 한정된 것은 아니고, 청·황·적·백·흑 등 5대색을 사용하거나 시대의 변천과 종파에 따라서 달리 규정되었다. 현재 우리나라 조계종에서는 청·목란색 등을 혼합한 괴색을 사용한다.

2. 가사의 모양과 공덕

가사의 모양은 길고 짧은 방형의 조각들을 4장 1단, 3장 1단, 2장 1단으로 이어서 장조(長條)를 이루고, 이 장조를 5~25조 사이의 홀수에 해당하는 수만큼 모아서 장방형의 천을 이룬다. 가사를 '전(田)'자 모양의 조각 옷감으로 잇는 것은 외도와 구별하고 도적에게 해를 당하지 않도록 하기 위한 목적이었다. 또 남방의 정연한 수전(水田) 모양을 본떠서 부처님께서 아난에게 그 짓는 법을 고안하게 한 것에서 비롯하였다고 한다. 이어지는 조각 옷감을 '조'라고 하는데, 각 조를 잇는 방법은 중앙조가 양쪽에 이어지는 조의 좌우를 덮어 이어지면 그 다음부터는 왼쪽조는 왼쪽으로 덮어나가고, 오른쪽조는 오른쪽으로 덮어나가게 된다. 그 다음 튼튼하게 하기 위하여 사방에 빙 둘러 단을 붙이기도 하는데 이것을 난(欄)이라고 한다. 사방의 네 귀퉁이에는 각첩(角帖)이라는 사각 천을 붙인다. 여러 개의 천 조각을 직사각형이 되게 붙이는데, 겹으로 하여 사방에 통로를 내었다. 이것을 통문(通門)이라고 한다. 이때 콩알을 넣어 사방으로 굴러서 통해야 하며, 만약 막힌 곳이 있으면 다음 생에 시각장애의 과보를 받는다고도 한다.

가사를 입어서 얻는 공덕은 한량이 없으므로 가사를 입는 날부터 모든 악을 끊고 정각을 이룬다고 한다. 예를 들면 5조가사는 탐욕(貪慾)을, 7조가사는 진에(嗔恚)를, 9조가사는 우치(愚癡)를 끊는다고 한다. 곧 가사를 입음으로써 3독을 모두 소멸하게 되는 것이다.

식생활

사찰음식

승가에서 '식(食)'이란 산스크리트어로 '아하라(Ahara)'이다. '끌어당겨 보존해 간다'는 의미로, 중생의 육신이나 성자의 법신을 각기 존재하는 상태로 양육하여 길이 유지해 나가는 것을 말한다. 초기경전인 『증일아함경』에 "일체의 모든 법은 먹는 것으로 말미암아 존재하고 음식이 없으면 존재하지 않는다"고 하였다. 『사분율』에서는 음식을 넓은 의미의 약으로 표현하였으며, 당시 사원의 음식은 상식(常食), 죽식(粥食), 병인식(病人食) 등으로 분류된다.

부처님 당시의 일상 식생활 원칙은 탁발에 의해 주어지는 대로 먹는 것이다. 당시의 주식은 건반(말린 밥)·맥두반(콩과 보리를 섞어 지은 밥)·초(미숫가루)·육(고기)·병(떡) 등 5가지였고, 부식은 식물의 가지·잎사귀·꽃과 과일·우유·꿀·석밀 등이었다. 그런데 탁발과 음식을 먹는 방식에 대하여 이야기하고 있으나 먹어서는 안 될 음식에 대해서는 언급되지 않았다.

석가모니 부처님께서 가장 장려하신 것은 죽식이다. 죽에는 다섯 가지 이익이 있어 몸을 이롭게 해주는데, 허기증과 목마름을 제거해주고 기를 내리며 배꼽 아래의 냉을 제거해주고 체증을 지워준다고 하였다. 한편, 환자의 경우에는 어떠한 규칙이나 금지제도 없이 적당한 음식을 모두 쓰는 병인식을 통해 치료의 효과를 높일 수 있도록 하였다. 『사분율』제42권을 살펴보면 약에 관한 법에서 어떤 음식을 먹어야 하는지 묻자 "갖가지 음식을 먹어라"라고 말씀하셨다. 이 말은 신도들이 주는 대로 먹고 음식에 집착하지 말라는 의미가 담겨 있다.

부처님은 이와 같이 음식에 대한 탐심을 경계할 뿐, 엄격한 제약이 없었다. 그러나 대승불교의 발달과 함께 『능엄경』에서는 오신채(五辛菜)를 삼갈 것을 설하고 있고, 『입능가경』에서는 '술과 고기와 파·마늘·부추는 성도를 가로막는다'고 하였다. 불교가 전래된 초기의 중국에서는 술과 고기를 먹었지만 차츰 죽과 채소나 두부, 버섯 등의 소식(蔬食)으로 바뀌었다.

우리나라의 경우 왕실에 의해 불교가 수용되었으므로 궁중음식과 사찰음식이 어우러져 발달하였다. 그러나 이후 사찰음식은 종교적 상황으로 인해 구전으로 전해졌으므로 사찰이나 지역마다 조리법이 조금씩 다르다. 또한 고기와 오신채를 사용하지 않고 천연의 조미료나 산약초를 주로 사용하였다. 신라시대 정월 대보름에 찰밥과 약과, 유밀과 등을 불전에 올리던 육법공양이 한과로 발전하였고, 고려시대에는 상추쌈·약밥·약과 등이 발전하여 다른 나라로 퍼져갔다. 조선시대 이후에는 지역이나 사찰마다 고유의 음식문화를 갖게 되었다.

이와 별도로 선종의 수행자들은 독특한 선식(禪食)을 만들었다. 대표적인 음식으로 단무지, 다식, 선병(禪病)을 다스리는 데 효과적인 여러 가지 죽 등이 있다. 또한 어느 절이든 김치와 된장, 간장 등 고유의 음식과 양념도 이용한다.

탁발

탁발이란 산스크리트어 '핀다파타(Piṇḍapāta, 賓茶波多)'를 번역한 말이다. '핀다'는 가루나 쌀로 둥글게 만든 음식, 즉 주먹밥을 뜻하는 말로 일반적으로는 음식물을 가리킨다. '파타'는 떨어진다는 동사에서 파생된 말이다. 즉 핀다파타는 '주먹밥을 발우 안에 떨어뜨린다'는 뜻이다. 우리에게는 '걸식'이라는 말이 더 익숙한데, 수행자들이 발우를 들고 집집마다 다니며 음식 등을 보시받는 행위를 말한다.

'발우에 의탁해서 산다'는 뜻의 '탁발(托鉢)'은 부처님께서도 몸소 실천하셨고, 모든 출가 제자들이 그대로 따랐던 불교교단의 중요한 생활방식이었다. 수행자에게 탁발을 생활수단으로 규정한 것은 그들이 상업 활동은 물론 어떤 생산 활동에도 종사할 수 없다는 현실적 필요에서였다. 그러나 그것보다 더 중요한 것은 탁발을 통해 청정한 무소유의 정신을 바탕으로 수행에 전념하라는 가르침이자 자기를 낮추는 하심(下心)을 기르는 수행방편이라는 점이다. 또 시주하는 이들에게는 선업을 쌓는 공덕이 되고, 불교와 인연을 맺는 계기가 되기도 한다.

『유마경』에서는 탁발의 방법과 그 공덕에 대하여 다음과 같이 말한다.

"걸식은 평등한 법에 머물러 차례대로 해야 한다. 걸식은 식용을 위한 것이 아니며 음식을 얻기 위한 것도 아니다. 마을에 들어갈 때는 사람이 살지 않는 빈 마을이라는 생각으로 들어가야 하며, 보고 듣고 느끼는 온갖 분별은 깨달음의 경지에서 하여 모든 것이 꼭두각시와 같은 줄 알아야 한다. 이렇게 걸식한 밥은 모든 중생에게 베풀고 부처와 성현에게 공양한 다음 먹어야 남의 보시를 헛되이 하지 않았다고 할 수 있다. 이와 같이 먹을 수 있는 사람은 번뇌를 버리지 않고서도 해탈에 들고, 집착을 끊지 않고서도 깨달음에 다다를 수 있다."

또한 부처님께서도 걸식할 때 꼭 지켜야 할 네 가지를 당부하셨다.

첫째, 몸과 마음을 바르게 하여 바른 관에 머물러야 한다.

둘째, 용모를 바르게 하여 위의를 지켜서 보는 이가 공경하고 신심을 일으키도록 해야 한다.

셋째, 부처님이 가르쳐 준 법도에 맞게 해야 한다.

넷째, 육신은 고(苦)의 근원이며 음식을 먹는 것은 몸을 유지하며 수행하기 위한 것으로 알아야 한다.

이에 따라 12두타행(스님들의 수행방법)에서는 상행걸식(常行乞食), 차제걸식(次第乞食), 수일식법(受一食法) 등의 조항을 두고 있다. 즉 항상 걸식하여 먹을 것, 걸식할 때는 가난한 집과 부잣집을 가리지 않고 차례로 할 것, 그리고 하루에 한 끼만 먹을 것 등을 규정한 것이다.

우리나라에서는 1964년 이후 탁발이 공식적으로 금지되었으나 1996년 당시 불교의 사회참여 조성기금마련을 위해 탁발을 시행한 뒤 중요한 종교행사가 되기도 하였다.

태국에서는 지금도 아침 예불이 끝나면 스님들이 발우를 들고 거리에서 걸식을 한다. 그러면 불자들은 준비해 두었던 음식을 들고 나와 스님들의 발우에 공손히 담아준다고 한다.

발우공양

1. 발우의 유래

발우(鉢盂)는 사찰에서 스님들이 쓰는 밥그릇을 가리키는 말로 '수행자에 합당한 그릇'이란 뜻도 가지고 있다. 발우의 어원을 따져 보면 '발'과 '우'로 나누어 볼 수 있는데, 발(鉢)은 산스크리트어 '발다라(鉢多羅, Pātra)'의 약칭이고, 우(盂)는 그릇을 뜻하는 중국어이다. 발우를 일컫는 다른 말로는 바리때·바루·발다라·응기 등이 있다. 옛날 부처님께서 불을 섬기던 가섭 삼형제가 기르던 독룡을 발우에 가둬 항복을 받아 낸 일이 있는데, 여기에서 유래하여 항룡발(降龍鉢)이라고 부르기도 하며, 중생의 뜻에 따라 양대로 채우므로 응량기(應量器)라고도 한다.

초기 승가의 의·식·주 생활은 원칙적으로 세속에서 희사한 공양에 의지하여 생활하였다. 그 중 식생활은 매일 비구들이 발우를 들고 직접 거리로 나가서 걸식하여 의탁하였으며, 이는 수행의 일부였다. 이 때 탁발한 공양물은 오전에 먹는 것을 원칙으로 하였으며 특별한 경우를 제외하고는 대중이 함께 법도대로 공양하였다. 하지만 불교의 발전과 함께 마을과 동떨어진 사원에서 생활함에 따라 양식을 자급자족하거나 예외적인 식생활 형태가 나타나게 되었다.

중국의 경우 선종의 수행승은 일상에서 준수해야 할 규범인 청규가 제정되어 걸식의 의미는 희박해졌으나 그 정신만은 이어져 발우공양으로 전승되고 있다.

2. 발우의 구성과 재질

일반적으로 발우는 4~7개의 그릇이 한 조를 이루는데, 우리나라 스님들은 4개로 구성된 사합발우(四合鉢盂)를 이용한다. 밥을 담는 어시발우, 국을 담는 국발우, 청수를 담는 청수발우, 그리고 반찬을 담는 반찬발우로 구분되며, 이들은 모두가 제일 큰 어시발우 안에 포개어져 하나를 이룬다.

발우에 따른 부속물로는 발우를 덮고 행주의 역할을 하는 발우수건과 발우를 싸는 발우보, 수저를 넣는 주머니인 수저집, 발우를 펼 때 맨 밑에 펴서 밥상 역할을 하는 발단, 그리고 발우 뚜껑이 있다. 평소에는 포개진 발우와 부속물을 함께 묶어 일정한 장소에 질서 있게 보관하다가 공양시에 펼쳐서 공양한다.

『사분율』에서는 발우의 재질에 대해서 6종의 발우를 열거하고 있는데, 크게는 쇠로 만든 철발(鐵鉢)과 진흙으로 만든 이발(泥鉢)로 나뉜다. 그 밖에 우리나라에서는 나무로 만든 발우가 주로 쓰이는데, 대개 은행나무, 단풍나무 등의 통나무를 사용한다. 『마하승기율』에는 발우의 색에 대해 언급하고 있는데, 공작새의 색깔, 가릉빈가의 색깔, 비둘기의 색깔 등 3색을 불에 쪼여 만들어낸다고 전해진다.

3. 발우공양의 정신과 의미

발우공양이란 큰 방에 대중이 둘러앉아 식당작법(食堂作法)에 따라 공양을 하는 것을 말한다. 식당작법을 살펴보면 한 끼의 식사에도 불교의 수행정신이 스며 있음을 발견하게 된다.

발우공양에 담겨 있는 불교의 수행정신은 첫째, 음식에 담겨 있는 수많은 사람들의 노고와 시주의 은덕, 그리고 음식의 재료가 되는 생명에 대한 은혜에 감사하는 것이다. 둘째, 음식의 좋고 나쁨과 많고 적음을 헤아리는 차별심으로 인해 음식의 은혜를 망각함을 반성하는 것이다. 음식 자체에 대한 은혜를 늘 생각하고 먹는다면 스스로 음식을 절제하고 낭비하지 않을 것이다. 셋째, 수행자가 음식을 먹는 이유는 계(戒)·정(定)·혜(慧) 삼학을 통해 삼독을 없애기 위해서이다. 소유하고자 하는 집착의 삼독심에서 베푸는 마음인 삼학으로 전환하는 것을 깨달음이라 할 수 있다. 넷째, 음식을 먹는 이유는 수행 정진을 위한 육신의 건강을 지키기 위해서이다.

발우에 밥이 담겨 있을 때는 많은 이들의 복이 가득 차 있고, 비어 있으면 온갖 괴로움과 헛된 생각을 비운 것이라 여긴다. 발우공양은 배를

발우공양 장면

채우고 맛을 탐닉하기 위해서 식사하는 것이 아니고 진리를 닦기 위한 약으로 여긴다. 그리고 불·법·승 삼보와 사중(四衆), 즉 국가·부모·스승·시주자의 은혜를 갚고 지옥·아귀·축생 삼도(三途)의 고통을 구제하기 위해서 먹고 마신다는 것을 잊어서는 안 된다.

또한 수행의 하나인 발우공양은 모든 사람이 똑같이 나누어 먹는 평등사상, 철저히 위생적인 청결생활, 조금도 낭비가 없는 절약생활, 공동체의 단결과 화합을 고양시키는 공동생활을 내포하고 있다.

고려시대 보조국사 지눌 스님은 『계초심학인문』에서 "공양할 때 마시고 씹는 소리를 내지 말며, 잡고 놓을 때에는 반드시 조심하고 얼굴을 들고 돌아보지 말며, 맛있고 맛없는 것을 좋아하거나 싫어하지 말며, 묵묵히 말하지 말고, 잡념이 일어나지 않게 하며, 밥을 받는 것이 다만 몸이 마르는 것을 치료하여 도업을 이루기 위함인 줄 알아야 하며, 반야심경을 염하되 삼륜이 청정함을 관하여 도용을 어기지 말라"고 하여 공양이 곧 수행임을 강조하였다.

4. 발우공양 작법

발우공양은 단순한 의식이 아니라 수행의 한 과정이므로 법공양(法供養)이라고도 한다. 이러한 법공양은 공양시간이 되면 목탁소리와 함께 사중의 온 대중이 큰 방에 모여 질서 있게 행해진다.

각자 자신의 발우를 내려서 차례대로 자리에 정좌하는데, 윗자리는 방에 모신 부처님의 맞은편 자리로, 불전을 향한 중앙부분에 해당한다. 이 자리에는 조실 스님 또는 선원장 스님을 중심으로 그 절에 상주하는 스님들이 앉게 되는데 오른쪽이 청산(靑山)의 자리이다. 왼쪽 백운(白雲)

의 자리는 머무름 없이 구름과 같이 떠다닌다는 의미로 수행승을 의미하는 선원 혹은 강원, 율원의 대중 스님들이 앉는다. 이렇게 법랍 순서대로 질서정연하게 앉아 절차대로 진행한다.

① 죽비를 한 번 치면 불은상기게(佛恩想起偈)를 외운다.

佛生迦毘羅 成道磨竭陀 說法波羅奈 入滅俱尸羅
불생가비라 성도마갈타 설법바라나 입멸구시라

부처님은 가비라성에서 탄생하시어 마가다국에서 도를 이루셨고
바라나성에서 법을 설하시고 구시라성에서 열반에 드시었네.

② 죽비를 한 번 치면 전발게(展鉢偈)를 외운다.

如來應量器 我今得敷展 願共一切衆 等三輪空寂
여래응량기 아금득부전 원공일체중 등삼륜공적

부처님께서 전해주신 적당한 양 담을 그릇 내 이제 받아 펴오니
원컨대 모든 중생으로 하여금 삼륜이 함께 청정하게 하소서.

※ 죽비를 세 번 치면 발우를 편다.

③ 죽비를 한 번 치면 십념불(十念佛)을 외운다.

淸淨法身毘盧舍那佛 圓滿報身盧舍那佛 千百億化身釋迦牟尼佛
청정법신비로자나불 원만보신노사나불 천백억화신석가모니불

當來下生彌勒尊佛
당래하생미륵존불

十方三世一切諸佛 十方三世一切尊法 大智文殊舍利菩薩
시방삼세일체제불 시방삼세일체존법 대지문수사리보살

大行普賢菩薩 大悲觀世音菩薩 諸尊菩薩摩訶薩
대행보현보살 대비관세음보살 제존보살마하살

※ 죽비를 한 번 치면 천수물과 음식물을 상석에서부터 진지하기 시작한다.

④ 죽비를 한 번 치면 어시발우를 높이 들고 봉발게(奉鉢偈)를 외운다.

若受食時 當願衆生 禪悅爲食 法喜充滿
약수식시 당원중생 선열위식 법희충만

이 공양을 받을 때에는 모든 중생들이 다같이
선열을 양식 삼아 법의 기쁨 가득하여지다.

⑤ 죽비를 한 번 치면 어시발우를 내려놓고 오관게(五觀偈)를 외운다.

計功多少量彼來處 忖己德行全缺應供 防心離過貪等爲宗
계공다소량피래처 촌기덕행전결응공 방심리과탐등위종

正思良藥爲療形枯 爲成道業應受此食
정사량약위료형고 위성도업응수차식

공력의 다소를 헤아려 저 온 곳 살펴보니
나의 덕행으로 받기에 온전히 부족하네.
허물을 여의고 마음을 지키기에 탐·진·치심 버림이 으뜸일세.
형상이 마르는 것 치료하기 위한 훌륭한 약으로 알고
도업을 이루고자 이 음식을 받습니다.

⑥ 죽비를 한 번 치면 시식수인을 하고 생반게(生飯偈)를 외운다.

汝等鬼神中 我今施汝供 此食遍十方 一切鬼神供
여등귀신중 아금시여공 차식편시방 일체귀신공

너희 귀신의 무리들아, 내가 이제 너희에게 공양을 베푸나니
이 음식 시방에 두루하여 일체의 귀신들이 함께 받을지어다.

※ 헌식기를 돌리면 이미 떠놓은 3~7알 정도의 밥을 헌식기에 넣는다.
※ 죽비를 세 번 치면 머리 숙여 합장하고 공양을 시작한다.

공양
※ 죽비를 두 번 치면 숭늉을 돌린다.
※ 죽비를 한 번 치면 찬상을 물리고 발우를 닦는다.
※ 죽비를 한 번 치면 천수통(千手桶)을 돌리는데 하석에서부터 상석의 순으로 돌린다.

⑦ 죽비를 한 번 치면 절수게(折水偈)를 외운다(퇴수물을 거둔 자는 헌식대에 붓는다).

我此洗鉢水 如天甘露味 施與餓鬼衆 皆令得飽滿
아차세발수 여천감로미 시여아귀중 개령득포만

옴 마휴라세 사바하(3번)

내가 지금 발우 닦은 천수물은 하늘의 감로수 맛과 같으므로
아귀들께 베푸나니 모두가 배불러지이다.

⑧ 발우를 닦아 거둔 후 죽비를 한 번 치면 수발게(收鉢偈)를 외운다.

飯食已訖色力充 威振十方三世雄 回因轉果不在念 一切衆生獲身通
반식이흘색력충 위진시방삼세웅 회인전과부재념 일체중생획신통

공양을 마치니 몸에 힘이 충만해서
그 위세 시방삼세 영웅처럼 대단하구나.
인과를 자신의 마음에 두지 않고 돌이켜
일체 중생 신통을 얻을지이다.
※ 죽비를 세 번 치면 반배한다.

주생활

사찰의 기능적인 역할

사찰은 삼보를 호지하는 곳이다. 거룩한 진리를 배우고 진리의 구현자인 부처님을 받들고 열심히 수행하여 스스로 지혜와 용기를 얻는 곳이고, 또 사람과 사람이 모이고 사회를 정화하는 기능을 수행한다. 따라서 사찰은 목적과 기능에 따라 기구와 활용 방안이 다양할 뿐만 아니라 역사적으로도 문화의 흔적을 간직한 곳이다.

사찰을 가리키는 말에는 정사(精舍), 가람(伽藍), 아란야, 사찰(寺刹), 암자, 도량(道場) 등 여러 가지가 있다. 이 가운데 정사, 가람, 아란야는 인도에서, 사찰, 암자, 도량은 중국에서 유래된 말이다. 인도에서는 수행승들이 사는 곳을 비하라(精舍), 차이티야(支提), 승가람(伽藍), 아란야(阿蘭若) 등 4가지로 구별하여 불렀다고 한다. 후세에 이르러서는 통칭이 되고 수행하는 장소로서의 공간으로, 용도에 따라 다양하게 건물이 배치되고 활용되고 있다. 따라서 가람의 배치는 사찰의 기능성을 말하기도 한다. 여기서는 공통적인 신앙의 공간 이외에 수행의 형태에 따라 선원·율원·강원 등을 중심으로 살펴보고자 한다.

수행의 형태로서의 구분

1. 선원

선을 교육하고 실제로 선을 수행하는 기관을 선원이라고 한다. 우리나라에는 통일신라시대 말경 선종이 전래되었는데, 구산선문에 이르러 선원은 선승의 중요한 수행기관으로서의 역할을 하게 되었다. 선원은 선당(禪堂)·선방(禪房)·좌선당(坐禪堂)이라고도 부른다.

선원은 부처님 당시 승려들이 한 곳에 머무르지 않고 포교와 탁발을 계속하다가, 우기가 되면 작은 벌레나 초목을 밟아 상하게 하지 않기 위해서 출입을 금하고 한 곳에 머물며 안거한 것에서 유래되었다. 당시에는 3개월 동안 좌선을 하거나 교리를 연구하며 공부했다고 한다.

선원은 선객을 제외하고는 일체 외인의 출입이 용납되지 않는 곳이

선원 수행

다. 절 안에서 가장 엄숙한 금기의 성역이다. 흐린 흙탕물을 그릇에 담아 오래두면 저절로 물은 맑아지고, 흙은 가라앉게 되는 이치를 수행의 방편으로 삼는 곳이 선원이므로, 바람이 오고감에 자취가 없듯 선실에 계시는 스님네는 발자국 소리 하나 없이 민감하게 살고 있다. 특별한 공간을 통하여 수많은 생을 혼란 속에서 살아온 중생의 요란한 내면에 휴식을 심어주고자 하는 이 곳은 본래 절이 지니고 있는 목적과 사명이 가득한 곳이다.

선가(禪家)에서의 사교입선(捨敎入禪)은 교(敎)를 버리고 선(禪)에 들어가는 것을 말한다. 석가세존의 자각각타(自覺覺他) 각행원만(覺行圓滿)한 근본교리를 받들고, 직지인심(直指人心) 견성성불(見性成佛) 전법도생(傳法度生)을 종지로 삼는 조계종의 경우, 선(禪)이란 상구보리하화중생(上求菩提下化衆生)의 보살도 실천을 위한 요체로 여긴다.

따라서 선원의 목표는 좌선을 통해서 불교의 진리를 내관(內觀)하고 스스로를 살펴 자기의 심성을 철견(徹見)함으로써, 삼매의 묘한 경지를 몸소 깨쳐서 견성성불하며 중생제도를 하는 데 있다. 선원은 각자 자기의 능력에 따라 평생을 공부하는 기관이므로 강원처럼 교육기간이 정해져 있는 것도 아니고, 일정한 교육과정이나 진도가 정해져 있지도 않다.

2. 율원

율원은 율장의 계율을 전문적으로 학습하며, 청정지계의 가풍을 확립하게 하는 상설교육기관이다.

부처님께서는 승단의 기강을 세우고 교법을 진흥시키기 위해 계율을 제정하시면서 설하시기를 "승단의 통솔과 승단의 화합을 위해, 대중의 안락과 다스리기 어려운 자를 다스리기 위해, 현세의 번뇌와 후세의 악을 끊기 위해 계율을 정하고 계율을 통해 정법이 오래토록 유통된다"고 하셨다. 그리고 이러한 부처님의 본원력에 의해서 제정된 계를 범하는 자는 승단에 머무를 수 없다고 하셨다.

안으로 번뇌 망상을 다스리고 밖으로는 도업을 이루기 위한 계율은 누가 시켜서 지키는 것이 아니라 스스로 느껴서 행해야 하는 것이다. 그러나 오늘의 현실은 계율을 어렵게 생각하거나 비현실적으로 받아들이는 경향이 짙다.

'선은 부처님의 마음이요, 교는 부처님의 말씀이며, 율은 부처님의 행실이다', '승(僧)이 중(重)하면 법도 중하고, 승이 경망하면 법도 경(輕)하다'고 하였다. 즉 선·교와 함께 율은 승가를 존재하게 하는 주춧돌이 된다. 지계 생활이 없는 곳에는 승가도 성립될 수 없는 것이다. 이런 이유로 오늘의 현실을 감안하여 계율을 전문적으로 익히고 연구하며, 계율을 스승삼아 불조의 혜명(慧命)을 이어가는 것은 승가의 미래를 위

율원의 강의 모습

해 대단히 고무적인 일이 아닐 수 없다.

현재 우리나라에는 율장의 전문적 연구·습의와 예참의 올바른 전승, 율학을 전승할 율사의 양성 등을 목표로 해인사의 해인율원·송광사의 송광율원·파계사의 영산율원·봉녕사의 금강율원 등이 있다. 율주(律主) 스님의 강의로 율장의 연구와 계율의 호지에 이바지할 인재를 길러내며, 교과목은 『사미·사미니 율의』, 『사분비구·비구니율장』, 『남북전 율장 비교 연구』, 『범망경』 등의 율장을 위주로 한다.

3. 강원

강원은 선지식을 모시고 함께 생활하면서 승가의 가풍과 법도에 젖어들고 육화정신에 의하여 공동생활을 영위하면서 승려의 자질을 향상시키기 위한 교육기관이다. 사찰을 중심으로 승가의 가풍과 법도를 익히고 교법을 배움과 동시에 수행하는 것은 전인적 교육이라 할 수 있다.

부처님의 가르침을 배우고자 할 때 경전이나 조사어록을 통하고, 가르치고자 할 때에도 언어나 문자로써 표현한다. 그러나 문자의 틀 속에서는 바르지 못한 견해도 생길 수 있다. 그러므로 문자에 집착하여 말을 따라 견해를 내지 말고 언어, 문자에 숨어 있는 종지를 찾아서 본래의 종지에 계합하여 아는 것이 중요하다고 선지식은 가르치고 있다.

강원에서는 어록과 경전을 통하여 승려로서 가져야 할 소양과 지식, 모든 위의의 중요성을 가르치고 역대 조사들이 수행하여 깨달았던 종체를 배우며, 부처님께서 수행하여 깨달았던 법의 요체를 배운다. 그 자체가 생사문제를 해결할 수는 없지만 초심자에게는 뗏목이요 길잡이인 것이다.

강원에서의 학제는 치문반, 사집반(『서장』, 『도서』, 『절요』, 『선요』), 사교반(『능엄경』, 『기신론』, 『금강경』, 『원각경』), 대교반(『화엄경』)으로 편성되었다. 사교반부터는 발기자와 중강자를 선출하여 자발적인 방법으로 진행하고 있는데 이것은 학인의 노력과 강사의 조연을 통하여 상호간의 사상과 지도력을 심어주기에 적합하다.

대중생활의 규칙

1. 용상방

선원의 큰방에는 결제 때나 큰일을 치를 때에 소임과 그 소임을 맡은 스님의 법명을 적은 방(榜)을 붙여두는데, 이것을 용상방(龍象榜)이라고 한다. 선원의 입실을 허락받았다는 뜻으로 사용되는 '방부(榜付) 들인다'라는 말은 바로 이 용상방에 자신의 법명을 적은 쪽지를 붙인다는 데서 나왔다.

이것은 중국 당나라 때 선문의 규식을 제정한 백장선사가 처음 총림을 개설하면서, 그 운영과 통솔을 위해서 각종 직무를 제정한 것이 그 시초다. 우리나라에서는 선종의 전래와 함께 용상방이 채택되었는데, 현재 제방에서 시행되는 소임과 그 내용을 대략 살펴보면 다음과 같다.

- 방장(方丈) : 총림에서의 정신적인 최고 어른스님.
- 부방장(副方丈) : 방장이 유고시에 방장의 임무를 대행하는 스님.
- 조실(祖室) : 총림이 아닌 일반 큰 사찰에서 정신적인 최고 어른스님.

- 선원장(禪院長) : 선원의 행정적·수행적 전반을 관장하는 스님.
- 선덕(禪德) : 선원에서 덕망이 높은 스님.
- 유나(維那) : 대중을 지도·감독하는 스님 또는 선원에서 기강을 담당하는 직책을 맡은 스님.
- 입승(立繩) : 법을 세워서 대중을 통솔하는 스님.
- 찰중(察衆) : 대중을 살피는 소임을 맡은 스님.
- 수좌(首座) : 스님들의 모범이 됨. 요즘의 참선 수행자.
- 주지(住持) : 행정적인 면에서 사찰의 모든 운영을 관장하는 소임.
- 병법(秉法) : 의식을 집전하는 스님으로 법주라고도 함.
- 다각(茶角) : 마실 차나 과일을 준비하는 소임.
- 헌식(獻食) : 재식(齋式) 때 올린 음식을 거두어 명부사자와 잡귀 및 금수가 먹도록 헌식대에 가져다 놓는 소임.

대중생활의 규칙

- 원주(院主) : 사찰의 살림살이 전반을 담당하는 스님.
- 별좌(別座) : 원주를 시중들며 대중의 음식·좌구나 침구 등을 담당하는 소임.
- 지객(知客) : 절에 오고 가는 손님의 접대와 응답을 맡는 소임.
- 원두(園頭) : 채전을 경작하고 채소를 제공하는 소임.
- 산감(山監) : 사찰이 소유하고 있는 모든 산을 관리·감독하는 소임.
- 미두(米頭) : 곡식을 맡아 출납하는 소임.
- 공양주(供養主) : 밥을 짓는 소임.
- 채공(菜供) : 반찬을 만드는 소임.
- 갱두(羹頭) : 국을 끓이는 일을 맡음.
- 정두(淨頭) : 해우소를 청소하는 소임.
- 부목(負木) : 나무하고 불 지피는 소임.

이 외에도 노전·부전·시자·욕두·마호 등의 여러 소임이 있고, 주지를 도와 일반적인 사무를 담당하는 총무·재무·교무와 같은 3직이 있다.

2. 선원청규

청규란 중국 선종의 독자적인 개성을 보여주는 수도규칙이다. 청규라는 명칭은 선을 수행하는 선승들의 모임, 즉 총림(叢林)을 의미하는 '청정대해중(淸淨大海衆)'의 청(淸)과 수행자가 준수해야 할 규칙, 즉 '규구준승(規矩準繩)'의 규(規)가 합쳐져 이루어진 용어이다. 청규란 지켜야 할 법과 지키는 사람이라는 주객관계의 합성어인 것이다. 따라서 청규는 선종교단이 점차 집단화된 총림의 체제로 발전하면서, 스스로의 조직과 수행에 필요한 규칙들이 체계화되고 성문화된 수도규칙이라고 할 수 있다.

선종청규의 원초적인 형태는 백장선사에 의해서 제정되고 성문화되었지만 일찍이 산실되어 버렸다. 그러나 양억이 정리한 『선문규식』을 통해 백장선사가 제정한 청규의 중심내용과 청규의 목적을 살펴볼 수 있다. 그 중심 내용은 선원의 의·식·주생활과 선(禪)을 참구하는 방법, 제도에 대해 밝히고 있다.

첫째, 한 지방을 교화하는 스승이 거처하는 곳은 유마 거사의 방장과 같이 할 것이니 개인의 침실과는 다르다.

둘째, 불전(佛殿)을 세우지 않고 법을 설하는 법당만을 두는 것은 불조께 친히 전해 받은 가르침이며 당대에 가장 존귀한 곳임을 나타낸다.

셋째, 수행하는 대중들이 많건 적건 모두 승당에서 거주하며 법랍에 의해서 앉는 차례를 정한다. 긴 평상과 선반을 설치하여 도구를 걸어두고 누울 때는 오른쪽 겨드랑이를 바닥에 대고 눕는 길상수(吉祥睡)를 행한다. 이는 좌선을 너무 오래하여 피곤할 때 잠깐 누울 뿐이며 항상 걷고 서며, 앉고 눕는 네 가지 위의를 엄숙히 갖춘다는 것이다.

넷째, 선원의 온 대중들은 아침에 묻고, 저녁에 모여야 한다. 장로가 법당에 올라 설법할 때는 일을 보는 이나 수행하는 이 모두 함께 앉아 귀 기울여 법문을 들어야 하며, 서로 손님과 주인이 되어 문답을 계속하여 종요(宗要)를 밝혀야 한다. 이 모든 것은 오직 법에 의해서 산다는 것을 나타내는 것이다.

다섯째, 아침은 죽, 점심은 밥으로 두 때를 골고루 나누는 것은 절약하고 검소한 생활로 법과 음식을 고루 수용하는 것이다.

여섯째, 보청(普請 : 생산노동)은 위와 아래가 힘을 모아 하는 것이며, 여러 소임에 각기 한 사람의 수령을 두는 것은 여러 사람을 관리하며 일을 경영함으로써 제각기 맡은 일을 다하게 하기 위한 것이다.

일곱째, 선원의 규율을 맡는 유나(維那)를 두어 대중을 편안케 하고 죄를 범한 자를 법으로 다스리게 한다.

이러한 청규는 수행에 전념하는 청정대중들을 더럽히지 않고 겸허한 신심을 내게 하며, 수행자의 모습과 품격을 잃지 않게 하고 부처님이 제정하신 제도에 맞게 한다. 또 관청을 소란하게 하지 않고 시비를 없애며, 여러 가지 과실을 방지하고 불교의 가르침을 지키게 하는 역할을 한다.

정진과 보림

수행 정진

1. 안거

안거는 산스크리트어 '바르사(Varṣa)'·'바르시카(Vārṣika)'의 한역으로 '우기(雨期)'란 뜻을 가지고 있다. 이 안거 행사는 세존 성도의 다음 해부터 입멸 때까지 계속되었고, 그 뒤 불교가 전승된 모든 지역에서 행해지고 있는 전통이다. 원래 인도에서는 강우기 3개월 동안 실시되는 연중행사로 우안거(雨安居)라 하였지만, 우리나라에서는 여름과 겨울에 참선·불교연구·정진·수련회 행사로 실행한다. 음력 4월 15일~7월 15일, 그리고 10월 15일~이듬 해 1월 15일까지를 결제기간으로 하며 하안거·동안거라고 한다. 이때는 스님들은 한 곳에 머물면서 수행 정진하는 기간으로, 부득이한 일 또는 주지 등 직책을 맡은 스님을 제외하고는 산문 밖을 나갈 수 없다.

부처님 당시의 출가 수행자인 사문들은 지붕이 있는 곳에서는 거주하지 않는 것을 신조로 삼았으므로 약 3개월간 지속적으로 비가 내리는 우기에는 여러 가지 곤란을 겪어야 했다. 따라서 이 기간에는 각지를 돌아다니는 유행을 중단하고, 비를 피하는 동시에 걸식하기 편리한 곳에 거주하였다. 찌는 듯한 무더위가 계속되다가 우기로 접어들면 대지는 활기를 되찾고 작은 동물들이 기어 나온다. 이때 돌아다니면 작은 생명들을 밟아 죽일 염려가 있었고, 교통이 불편할 뿐만 아니라 나쁜 질병이 유행했고 독사와 해충의 해를 입을 우려도 있었다. 또 비로 인해 도로가 유실되면 촌락까지 가지 못해 탁발을 할 수 없었다. 따라서 이때만큼은 일정한 장소에 모여 공부하고 수도에 전념하는 기간으로 삼았다.

안거가 인도의 기후적 조건 때문에 어쩔 수 없이 실시된 자연발생적인 제도였지만, 불교의 입장에서는 교단과 승원제도를 발전시키는 계기가 되었다고 말할 수 있다. 안거를 통해 유행생활은 정착생활로 바뀌게 되고, 후대에 불교문화의 산실이 된 승원의 문이 열리게 된 것이다.

불교 수행자들은 일정한 거처가 확보된 뒤에도 유행과 안거의 전통은 버리지 않고 창조적으로 활용하였다. 지금도 승려들은 자신의 공부와 수행에 적합한 스승과 장소를 찾아 여기저기 떠돌아다니다가 안거가 시작되면 일단 유행을 멈춘다. 이 기간은 흩어져 있던 동료들이 한 곳에 모이는 기회였다. 그간 돌아다니느라 전념하지 못했던 공부와 수도를 이 기회를 통해 정진하고, 안거를 마친 뒤에는 안거 동안 스스로 범한 일이 있고 없는 것을 묻는 '자자(自恣)'라는 참회제도를 도입하여 엄숙히 행했다.

안거는 스님들의 위계를 정하는 법납으로도 삼는다. 간혹 스님들의 약력에 '16안거 성만'이라는 표현이 있는데, 이는 16회의 안거, 즉 16년 동안 공부했음을 뜻한다.

2. 정진

선문에 들어선 참선 수행자는 등에 걸망을 멘 채 불이문(不二門)에 들어선다. 불이문에는 '입차문래(入此門來) 막존지해(莫存知解)'라는 주련이 걸려 있다. 그 문을 들어서는 사람은 알음알이를 끊어버린 채 대신근(大信根)·대의단(大疑團)·대분심(大憤心)·대용맹심(大勇猛心)을 가지고 방부의례를 마친 후 대중에 참예한다. 그리고 선원의 규칙을 지키면서 부처님의 혜명을 잇겠다는 의지 속에 선객들은 참선에 임한다. 참선에는 행선(行禪)·주선(住禪)·좌선(坐禪)·와선(臥禪) 등이 있어 일상이 모두 선이라 할 수 있는데, 일반적으로 좌선 및 행선이 주로 행해진다.

전통의 좌선행법을 보면, 일주향(一柱香)이 타오르는 50분 동안 좌선을 행한다. 이때 선원 입승은 장군죽비를 어깨에 메고, 선실을 행보한다. 그러다 혹 졸고 있거나 자세가 흐트러진 사람을 발견하면 경책의 장군죽비를 내린다. 장군죽비는 '훈계의 봉'이라 쓰여진 4척 2촌 크기의 참나무를 깎아 만든 것이다. '따닥 따따따따---'하고 리드미컬하게 오른쪽 또는 왼쪽 어깨에 장군죽비를 내리쳐 어깨의 근육 긴장을 풀어주며, 그 소리로 말미암아 다른 대중들의 수마를 쫓고 산란심을 다시 한번 일깨운다. 그리고 경책 받은 사람과 입승은 말없이 합장하고, 선실은 다시 무언의 경지에 잠긴다.

50분의 시간 동안 좌선을 행한 후, 입승의 죽비 2성이 울리면 부전은 방문을 열어 내부를 환기시키며 나머지 대중은 자리에서 일어나 경행을 한다. 이 시간을 이용해 해우소에 갈 수 있다.

결제기간 중 정진은 일반정진·가행정진·용맹정진으로 구분할 수 있다. 일반정진은 하루 8~10시간의 4분정진이며, 가행정진은 12~14시간의 4분정진이다. 용맹정진은 일반적으로 1주일 기간으로 18시간 이상의 주·야간 24시 운용이 원칙이나, 2~3시간 수면을 취하고 공양 직후에 바로 정진에 들어가는 식으로 하는 곳도 있다. 50~60년 전에는 제방에서 매 철마다 용맹정진을 반드시 하는 가풍이었으나, 대개는 납월 팔일(음력 12월 8일)을 기해서 1년에 한 번씩만 한다. 근래 20여 년간에는 산철산림이라고 하여 해제기간 3개월 중 1개월~1개월 반을 기간으로 해서 해제산림을 시행하는 곳이 많아졌다. 결제는 모든 것을 묶는 기간이니 산문 출입을 묶는 것이 무방하나, 산철에는 해제의 본래 취지대로 모든 것을 풀고 기도와 행각을 마음대로 하면서 제방을 다니며 스승과 도(道)를 찾는 것이 옳다. 그러나 화두 타파하는 날이 해제하는 날로서 정진에는 간단이 없어야 하므로, 해제기간 중에도 어느 한 틈도 놓아 지낼 수 없다는 뜻에서 산철정진을 하는 것이다.

3. 경행 · 포행

경행(經行)은 행선 · 주선 · 좌선 · 와선의 참선행법 중 행선법을 말한다. 행선은 다시 경행과 포행(布行)과 만행(萬行) 등으로 나뉜다. 『대비구삼천위의』에서는 '앉아 있다가 졸음이 오면 일어나서 경행해야 한다', '경행을 할 때는 한적한 곳이나 탑 아래, 전각 아래에서 해야 한다' 는 등 행선의 방법을 설명하고 있다.

경행은 50분의 좌선 후 10분간 하는데, 입승의 죽비 2성에 대중은 그 자리에서 일어나 좌차(座次)에 따라 일렬로 방 가장자리 또는 선방의 앞마당 등을 돈다. 졸음을 쫓고, 좌선으로 인한 다리의 근육과 긴장을 풀기 위해 말없이 조용히 걷는다. 걷고 있는지 걷고 있지 않은지 분간할 수 없을 정도로 걷되 몸을 좌우로 흔들어서는 안 된다. 행선의 일부로서, 동중공부(動中工夫)로서의 경행을 할 때는 좌선삼매를 그대로 유지해야 한다. 다시금 죽비 1성이 울리면 경행이 끝나고 또다시 각자의

경행

자리에 앉아 입승의 죽비 3성에 맞춰 좌선을 시작한다.

포행은 방선(放禪) 때의 의례에 속한다. 『사미·사미니율의』에 의하면 방선시에는 먼저 신을 신은 채 다음과 같은 게송을 염하고, 주(呪)를 외우게 되어 있다.

> 從朝寅旦直至暮 一切衆生自廻護 若於足下喪身形 願汝卽時生淨土
> 종조인단직지모 일체중생자회호 약어족하상신형 원여즉시생정토
> 옴 시리 일리 사바하(7번)
>
> 새벽부터 저녁에 이르도록 일체 중생들이여, 내 발을 피해 스스로를 보호하여라. 혹 내 발 밑에서 죽음을 맞이하거든, 원컨대 즉시 정토에 왕생하기를 바란다.

이 게송과 함께 주문을 외운 후 수행자는 발을 움직여 포행을 한다. 도반과 말을 나누거나 공부를 챙기며, 어떤 법칙에 얽매이지 않고 자기

에게 편리한 대로 산책을 하는 것이다.

4. 포살

출가 수행자들이 원만하게 수행을 하기 위해서는 공동체를 청정하게 유지시킬 수 있는 일정한 규범이 필요한데, 이것을 계율이라고 한다. 따라서 이 계율은 불교교단을 지켜나가는 기반이 되는 것으로 구성원 각자의 생활이 실제로 어떻게 행해지느냐에 달려 있다고 할 수 있다.

포살

포살(布薩)이란 교단 구성원의 생활이 계율에 입각하여 바르게 행해져서 청정성을 유지하기 위하여 구성원들이 한 곳에 모여서 자신의 행위를 반성하고 죄가 있으면 고백, 참회하는 의식이다. 이것은 동일 지역 내에 거주하는 스님들이 한 공간에 모여 계율을 잘 아는 스님을 청하여 바라제목차〔戒本〕를 먼저 설하고, 만약 스님 중에서 지난 보름동안 계율을 범한 이가 있으면 대중 앞에 나아가 참회한다. 이렇게 함으로써 왜 우리가 이렇게 모여 사는가에 대한 이유와 목적의식을 환기시키고, 그 목적에 도달하기 위하여 모두 자신을 돌아보고 반성하며 수행정진의 박차를 가한다. 물론 큰 죄를 범한 경우는 별도의 처분을 받으며 이 자리에 나오지 않고 비교적 가벼운 범계를 고백하고 참회한다.

승가공동체의 유지와 화합을 위해서도 꼭 필요한 포살은 보름에 한 번씩, 즉 매월 15일과 30일(혹은 29일 또는 초하루)에 이행되는 것이 관례인데, 현재 우리나라에서는 안거기간에만 행해지고 있다.

5. 자자

안거가 끝나는 날에 함께 정진한 대중이 모인 가운데 스스로 지난 안거기간 중에 계를 범하는 등 허물이 있었다면 서로 지적하고 지적받음으로써 스스로 과오를 뉘우치는 의식이다. 이것도 일종의 포살이기 때문에 '포살·자자'라고 부르기도 한다. 이 의식은 부처님 당시의 상황을 반영하여 제정되었다.

부처님 당시에 안거 동안은 각자의 수행에 전념하였다. 설령 상대방의 행동 중에서 수행자의 자세에 위배되는 것이 발견되어도 안거 동안은 일일이 잘못을 지적하지 않았다. 자신의 잘못을 스스로 깨닫지 못한 경우는 포살을 통해서도 바로 잡을 수 없으므로, 안거가 끝난 후의 포살일에 자자가 행해졌다.

자자를 할 때는 의식을 잘 진행하는 스님을 선정한 후, 제일 웃어른부터 차례대로 한 사람씩 대중 앞에 나와 무릎을 꿇은 다음 합장하고 말한다. "저는 스스로 나와 청합니다. 안거 중에 저의 행위와 언어에 무엇인가 잘못이 있었다면 지적해 주십시오. 제가 알게 되면 참회하겠습니다"라고 청한다. 이렇게 거듭 세 번을 묻는데, 누가 지적하든 감사한 마음으로 받아들이고 참회한다. 시간과 장소의 제약으로 불가피한 경우는 두 번이나 한 번으로 줄이거나, 모든 대중이 함께 한 번에 자자를 행한다.

자자는 모든 차별을 뛰어넘어 오로지 깨달음을 구하는 도반에 대한 믿음의 의식이다. 잘못을 지적해주기를 요청하기도 하고, 동료의 잘못된 행위를 지적해주는 것이다. 여기에는 부끄럼도, 비난의 마음도, 변명도 없다. 오직 알게 모르게 지은 모든 잘못을 남김없이 참회하는 것이다.

『삼국유사』에 보면 신라시대 자장율사가 계율을 확립시키고 승려의 기강을 세우기 위해 전국적으로 포살과 함께 자자를 행했다고 한다. 그러나, 승가 본연의 청정성을 유지하는 승가만의 전통이었던 자자의식은 현재 몇몇 대중 처소에서만 행해지고 있는 형편이다.

6. 대중공사

대중공사(大衆公事) 제도는 부처님 당시부터 내려오던 승가 고유의 의결구조이다. 현대사회의 대표적 의결방식인 대의제는 다수의 대중을 대표하는 사람들에 의해 의사가 결정되지만, 대중공사는 크고 작은 모든 일을 결정할 때 전원이 참여하는 제도이다. 승납이나 세납 등에 관계없이 모두 평등한 승가 공동체의 일원으로서 똑같은 자격을 부여받는다. 대중공사에서 합의는 엄격하지만, 합의에 이르는 과정은 합리적이며 인간적이다. 한 명이라도 반대자가 있으면 의결이 무산되는 전원합의체인 승가사회의 의결법이다.

이것을 『사분율』에서는 '승가갈마(僧家竭磨)' 또는 '갈마'라고 한다. 갈마의 형식에는 세 가지가 있다. 포살 모임 등을 알리는 단백(單白)갈마, 한 번 묻고 동의를 구하는 것으로 결의를 하거나 소임자를 선출할 때 등에 사용되는 백이(白二)갈마, 한 번 묻고 세 번 뜻을 구하는 것으로 구족계를 수지하거나 계를 범해 중징계를 내리는 등 중요한 결정을 할 때 쓰이는 백사(白四)갈마가 그것이다.

『사분율』에 대중공사의 한 장면이 나온다. 대중의 화합을 깨뜨리는 비구가 있어 이를 나무라는데, 부처님은 꾸짖는 것만이 능사가 아니라며 스스로 참회하게 하였다. 그러자 당사자는 가사를 수하고 신발을 벗고 무릎을 꿇어 참회한다. 부처님께서 직접 나서지 않고 대중 가운데서 주관자를 선출해서 공사를 진행하도록 하였다. 부처님께서는 그 공사가 법답게 진행되는지를 점검하고 대중 스님들의 질문이 있을 때 이를 정리하는 역할을 했다.

이 갈마법은 오늘날 승가에 그대로 이어져 내려온다. 다만, 원칙적으로는 전원 참석하여 전원 합의하는 만장일치제를 택하고 있으나 합의에 실패하는 경우 투표로 대신하거나 직접민주주의와 대의제를 혼용하기도 한다.

대중공사에는 아침 공양 후에 이어지는 약식공사와 사중 전체가 참여하는 정식의 대중공사, 사중뿐만 아니라 방장 스님을 중심으로 하는 산중 전체가 한 자리에 모이는 산중공사 등이 있다. 경제 규모가 작고 부처님 법이 올곧게 살아 있을 때는 대중공사를 통해 결정하는 내용이 사소한 산중의 일상이나 계율 위반 문제였지만 최근 들어서는 소임자 선정 등 중요한 일을 많이 논의하고 있다. 그만큼 대중공사의 중요성이 커진 것이다.

보림의 행

1. 만행

안거가 끝나면 해제 3개월 동안 만행을 떠나게 되는데, 만행 또한 행선의 의미가 담겨 있다. 만행의 사전적 의미는 온갖 행위라는 뜻으로, 불교에서 무상보리를 얻기 위한 모든 행위를 통틀어 지칭하는 말이다. 시간적으로는 3아승지겁에 걸쳐 이루어진 무수한 행을 일컬으며, 또한 계·정·혜 3학과 6바라밀 등은 모든 수행을 포괄하는 말이므로 만행은 3학이나 6바라밀을 칭하는 말이기도 한다.

만행

『범망경고적기』에는 '만행의 시작은 계를 근본으로 삼고, 만행의 끝은 깨달음으로써 과를 삼는다. 이런 까닭으로 과거·현재·미래의 부처님은 모두 계로 말미암아 선정을 닦고 선정으로부터 지혜가 나타나 부처님이 된다'고 하였다. 또 『교계신학비구행호율의』 「입취락법(入聚落法)」에는 운수행(雲水行)의 규구(規矩)를 소개하고 있는데, 몇 가지만 열거하면 다음과 같다.

- 일이 여법(如法)하더라도 도반이 여법하지 못하면 마을에 들어가지 말라.
- 반연된 일이 없으면 자주 시장에 들어가지 말라.
- 걸어갈 때에는 7척 정도 앞을 곧게 바라보고 걸어야 하며, 개미나 벌레 등을 밟지 않도록 해야 한다.
- 길에서 여인과 함께 걷지 말라.
- 오신채를 먹거나 술을 마시는 사람과 함께 가지 말라.
- 여색을 파는 집에 들어가지 말라.
- 세간의 하찮은 일을 말하지 말라. 마땅히 법어를 말하여 선심이 생기게 해야 한다.
- 마땅히 속인의 뜻을 잘 보호해 주어서, 공경하고 믿는 마음을 잃지 않도록 해야 한다.
- 항상 6근을 섭수하여 방일하지 말라.

이러한 규구를 마음 깊이 담고 만행을 떠나는 운수납자에게 해제(解制)는 또 다른 시작이다.

2. 차와 선

예로부터 차는 정신을 맑게 하여 혼침을 능히 몰아낸다고 하였다. 그런 까닭에 중국의 경우는 5천년의 역사를 자랑하며 우리나라의 경우도 2천년 가깝게 차를 마셨다. 차는 주로 정신적 활동을 필요로 하는 선비들이나 승려들이 즐겨 마셨는데, 차의 효능에 대해서는 여러 문헌에서 열거하고 있다.

신농씨의 『식경(食經)』에는 '차를 오래 마시면 힘이 솟고 기분이 즐겁다'고 쓰여 있으며, 전한시대 말기의 명의로 알려진 화타는 "차를 오랫동안 마시면 사고가 깊어지고 졸음을 쫓고 몸이 가벼워지며 눈이 밝아진다"고 하였다. 『본초강목』에는 '차는 누창을 낫게 하며 이뇨제이며, 가래·갈증·신열을 물리친다'고 적고 있다. 신라시대 설총은 신문왕에게 「화왕계(花王戒)」를 통하여 간하기를 "백성들이 차로써 정신을 새롭고 맑게 해야 한다"고 했다. 또 최치원은 "차를 마시고 근심을 잊었다"고 했고, 이규보는 그의 시에서 "한 잔의 차에 이야기 한 마디로 점점 심오한 경지에 들어가네. 이 즐거움 말고 깨끗하니 굳이 술에 취할 필요 있으리"라고 하였다. 일찍이 우리의 선조들은 차를 통하여 정신을 일깨우고, 차맛을 통하여 시고 떫고 짠 삶의 맛을 음미했던 것이다.

차의 예절을 통한 삶의 지혜로서 다도(茶道)가 있다. 법도에 따라 차를 마시면서 음미하는 현현한 아취가 지극한 경지에 이르게 하여 묘경을 터득한다는 것이다. 이러한 다도관은 사

다구

찰의 선승들에 의하여 완성된 것으로, 다도의 근본적인 사상은 선(禪)에 기초를 두고 있다. 스님들이 차를 마시는 것은 수행과 같다고 해서 다선일여(茶禪一如)라고 한다. 고려시대 이규보는 "스님들의 품격이 높은 것은 오직 차를 마시기 때문이라네"라고 하였다. 차 마시는 것을 스님의 수행으로 여겼음을 알 수 있다. 이와 같이 차를 끓여 마시는 일은 선(禪)에 드는 일이며, 차와 선은 마음상태가 같고 느끼는 경지가 같으며 깨우치고자 하는 목적이 같다고 한다.

우리나라의 경우 차는 거의가 사찰에서 만든 것이었다. 특히 선원에서 다원은 필수적이었다. 현재 전라도에서 발견되는 자생차는 그 대부분이 사찰 부근에 한정되어 있다. 선원에서 차를 특히 애용하는 이유는 차는 초(草)의 성인이요, 그윽하고 미묘한 도(道)가 있음이요, 맑고 순한 덕이 있기 때문이다. 고래의 모든 성현들이 하나같이 차를 즐겼는데, 차는 그 성품에 삿됨이 없기 때문이다. 색·향·맛의 조화를 통한 삼매경, 그것은 바로 선과 차가 만나는 곳이다.

3. 참선요가

참선은 고요함 속에 머물러 모든 망상을 쉬게 하고, 하나의 진리를 향한 의문을 들어 그 의문을 탐구하여 깨달아 나아가는 수행법이다. 또, 수천년 전 고대 인도에서 시작된 요가는 육체를 통한 수행으로 몸과 마음의 안정을 찾아가는 것이다. 육체의 부조화를 마음의 평정으로부터 치유해 가는 과정이 정신적 수행인 참선과 육체적 수행인 요가로 조화를 이루고자 하는 것이 참선요가라 할 수 있다.

참선요가 수련의 참된 목적은 병을 다스리는 데 있지 않다. 우리의 잘못된 일상생활로 인한 온전치 않은 인체의 비정상적인 상태를 균형있고 순수한 상태로 정상화시키고자 하는 데 그 뜻이 있다. 잘못된 생활습관이 개선되어 인체의 균형감각을 향상시킴으로써 심신의 불안정을 극복하게 된다. 더욱이 심신의 조화로움이 생활 속에서의 수행이며, 진정한 건강이라고 정의할 때 참선요가는 운동 이상의 의미를 갖는다고 할 수 있다.

모든 질병과 스트레스는 마음과 환경으로부터 오는 것이라고 할 때 몸과 동시에 마음을 다스리지 못하면 어떠한 병도 다스릴 수 없다. 현대의학의 맹점은 국소요법에만 치우쳐 있다는 것이다. 현대의학적 입장에서는 치질은 치질대로 변비는 변비대로 구분하여 치료하기 때문에 근본적인 치료가 되지 않으나, 요가의 체위법은 여러 가지 질병을 동시에 치료하는 놀라운 효과를 가진다.

참선요가의 효과는 다음과 같다.

첫째, 아랫배의 근육을 단련하여 강력한 복압을 발생시켜 원활치 못한 혈액순환을 도우므로 냉하고 탁해진 혈액의 장애를 소멸시킨다.

둘째, 오장육부에 충분한 자극을 주어 내장의 기능을 활성화시키고, 만병의 근원이 되는 숙변을 완벽히 제거하는 효과를 나타낸다.

셋째, 완벽한 호흡을 익히게 하여 불완전한 호흡이 발생시키는 모든 질병을 치료, 예방한다.

넷째, 평소 그릇된 자세로 말미암아 어긋난 척추 및 골격의 비정상적인 상태를 개선하여 반듯한 몸매와 자신감이 넘치는 모습으로 변화시킨다.

다섯째, 인체의 흐트러진 조화와 균형 감각을 되찾고 향상시켜 온갖 스트레스에 쉽게 지치거나 피곤하지 않게 한다.

여섯째, 연속되는 동작들은 긴장된 근육을 풀어주고 이완된 근육은 적당히 긴장시키며, 몸 속의 피로물질을 배출하는 신진대사작용을 도와 항상 탄력 있는 피부의 젊음을 간직하게 한다.

이러한 요가는 어린아이부터 장년에 이르기까지 누구나 장소에 구애받지 않고 할 수 있다는 특징이 있다. 그리고 10분 정도의 짧은 시간만으로도 그 효과는 당장 나타난다. 그러므로 참선을 통하여 육체가 결속되어 있다가 요가를 통하여 정신과 졸음을 회복하고 정진을 계속하는 데 참선요가의 목적이 있다고 할 수 있다.

때로 요가를 처음 접하는 사람에게는 매우 어려워 보일 수도 있다. 낙타체위법, 다리체위법, 쟁기체위법, 연화좌 같은 행법들은 실제로 어렵다. 그러나 이러한 행법들도 요가를 기초부터 한 달가량만 꾸준히 하다 보면 쉽게 된다. 문제는 처음 시도하는 자세다. 무작정 어려운 자세부터 하려하지 않고 가장 기본자세인 등펴기체위법, 무사체위법, 나비체위법 같은 자기 몸의 상태에 맞는 행법부터 시작하는 것이 현명하다. 무엇보다 중요한 것은 쉽없이 매일 20분 이상 해야 한다는 것이다. 그래야 요가의 참맛을 느낄 수 있다.

색인
index

색인 index

12대원 _ 37
12두타행 _ 223
14성군 _ 128
16관경변상도 _ 116
28숙 _ 128
3아승지겁 _ 250
3학 _ 250
32상 80종호 _ 28
49재 _ 186
6근 _ 251
6바라밀 _ 250
7여래 _ 128, 179
80화엄 _ 113

ㄱ

가구 _ 105
가라사유 _ 215
가람 _ 60, 66, 231
가릉빈가 _ 104
가사 _ 215, 216, 217, 218, 219, 249
가사야 _ 213
가섭존자 _ 50

각수 _ 135
각첩 _ 219
각행원만 _ 233
각황전 _ 64
간경도감 _ 175
간다라 _ 19
갈마 _ 248
갈마법 _ 249
감로수 _ 43, 153, 230
감로왕 _ 129
감로왕도 _ 103, 130
감로탱 _ 107, 153, 177
감로탱화 _ 177, 179
감은사 동서탑사리기 _ 58
감은사지 동서삼층석탑 _ 78
감은사지 서삼층석탑 사리구 _ 163
강경의식 _ 170
강원 _ 228, 231, 233, 235
개산조 _ 132
개암사 대웅보전 _ 70
개운사 보리수어린이회 _ 192
갱두 _ 238
거조암 영산전 오백나한상 _ 50, 51

걸식의 _ 218
계탁성 _ 189
견성성불 _ 233
결가부좌 _ 31, 108, 121, 132
경 _ 140, 147
경국사 감로탱 _ 178
경국사 감로탱화 _ 179
경덕왕 _ 169
경루 _ 63, 74
경변상도 _ 103, 133
경쇠 _ 147, 148
경자 _ 147, 179
경전화 _ 106, 133
경주 감은사지 _ 65
경주 황룡사지 _ 63
경축가 _ 190
경행 _ 244
계향 정향 해탈향게 _ 170
계인 _ 30
계초심학입문 _ 227
고달사 부도 _ 86
고려도경 _ 217
고려사 _ 173
고복석등 _ 154
고사선염불 _ 189

고선사지 삼층석탑 _ 78
고승의 _ 218
고은 _ 209
고정등 _ 154
고좌 _ 160
고행상 _ 32, 33
고혼 _ 179
공간포 _ 70
공양구 _ 25, 139, 151, 154
공양도 _ 76
공양주 _ 238
공포 _ 69, 71
곽암 _ 101
관경16관변상도 _ 117
관경변상도 _ 116, 174
관무량수경 _ 116, 167, 174
관무량수경변상도 _ 114
관불기 _ 148
관불삼매 _ 21, 22
관불의식 _ 148
관상 _ 116
관세음보살 _ 42, 43, 73, 120, 179
관욕식 _ 32
관음32응신도 _ 121
관음도 _ 105, 121
관음보살 _ 17, 28, 36, 42, 43, 114, 116, 120, 121, 153
관음보살도 _ 120, 121

관음보살상 _ 42, 43
관음보살입상 _ 43
관음전 _ 73, 121
관자재 _ 43
관자재보살 _ 43, 120
관정식 _ 32
관촉사 석등 _ 90, 91
광덕사 묘법연화경변상도 _ 134
광덕 스님 _ 193
광목천왕 _ 57, 127
괘불 _ 24, 173
괘불대 _ 102
괘불탱 _ 102
괘의 _ 217
교계신학비구행호율의 _ 251
구경연민은 _ 181
구운몽 _ 206
구존도 _ 99
구품왕생 _ 36
구품의 _ 218
국립경주박물관 _ 159
국립중앙박물관 _ 43, 48, 123, 126, 132, 147, 153, 163
국발우 _ 225
국사 _ 83, 217
국악교성곡 _ 194
권공 _ 187

권법 _ 55
권상로 _ 180, 181, 191
권선곡 _ 190
권선문 _ 210
권세가 _ 184
권인 _ 39
귀삼보 _ 175, 177
규구준승 _ 238
극락전 _ 36, 73, 102, 114, 158
극락회상도 _ 102, 114
근본팔탑 _ 75
금강경 _ 200, 236
금강대좌 _ 76
금강령 _ 25, 30, 148, 149
금강문 _ 54
금강역사 _ 54, 55
금강율원 _ 235
금강저 _ 25, 53, 55, 148, 149
금강좌 _ 76
금고 _ 140, 146, 147
금구 _ 146
금당 _ 60, 62, 63, 65, 67, 107, 108
금동금강령 _ 149
금동미륵반가사유상 _ 40
금동사리구 _ 159
금란가사 _ 216, 217
금룡사 _ 180

금루직성가사 _ 216

금루직의 _ 216

금산사 _ 40

금산사 미륵전 _ 67

기 _ 210

기도문 _ 210

기신론 _ 236

기원정사 _ 18, 23, 60, 96, 104

길상수 _ 239

길쭉기와 _ 72

김달진 _ 204

김동리 _ 209

김생 _ 94

김성동 _ 209

김수온 _ 175

김용호 _ 193

김원일 _ 209

김정묵 _ 191, 193

김정한 _ 209

김희조 _ 193

ㄴ

나각 _ 179

나라연금강 _ 55

나발 _ 29, 179

나비체위법 _ 255

나비춤 _ 179

나한 _ 28, 51, 108, 124

나한도 _ 24, 124

나한상 _ 28, 50

나한신앙 _ 124

나한전 _ 50, 108, 111, 124

낙타체위법 _ 255

난 _ 219

남북전 율장 비교 연구 _ 235

납의 _ 217

내관 _ 233

내목도리 _ 71

노사나불 _ 17, 38, 111, 112, 113

노전 _ 238

녹야원 _ 34

녹원전법상 _ 111

논 _ 210

능묘 _ 88

능엄경 _ 221, 236

님의 침묵 _ 204

ㄷ

다각 _ 237

다라니 _ 169

다라니집경 _ 46

다리체위법 _ 255

다문천왕 _ 57, 127

다불사상 _ 120

다비 _ 75, 162

다탑가람 _ 64

다포식 _ 69, 70, 71

단백갈마 _ 248

단성 시율 _ 188

단청 _ 61, 73, 74, 78, 96, 104, 106, 156, 159

닫집 _ 159

달마라지카 _ 34

답대 _ 132

당 _ 25

당간지주 _ 63, 161

당목 _ 143

당번 _ 161

당좌 _ 143

대각교 _ 183

대각교가 _ 184

대각교의식 _ 184

대각국사 _ 216

대각사 _ 184

대각사 서울연화어린이회 _ 191

대광명전 _ 38, 73, 111

대광전 _ 73

대교반 _ 236

대덕 _ 217

대반열반경 _ 18

대방광불화엄경 _ 113
대비구삼천위의 _ 244
대세지보살 _ 36
대송고승전 _ 169, 170
대웅보전 _ 31, 73
대웅전 _ 31, 64, 73, 102, 108,
　　　　 114, 118, 177
대의왕불 _ 37
대장경 _ 133, 158, 209
대적광전 _ 17, 38, 73, 102, 111
대종사 _ 218
대중공사 _ 248, 249
대폭소상 _ 44
대한불교중앙포교사 _ 191
대화사탑 _ 163
대휘화상 _ 179
도갑사 보현동자상 _ 47
도량 _ 231
도리 _ 71
도명존자 _ 45, 121, 124
도서 _ 236
도솔가 _ 169
도솔래의상 _ 111
도피안사 _ 39
도피안사 삼층석탑 _ 81, 82
독성각 _ 125
독성도 _ 125
독존도 _ 99

동국대학교박물관 _ 131, 134
동국승니록 _ 207
동발 _ 170
동방유리광세계 _ 117
동부동 오층전탑 _ 82
동사열전 _ 207
동수 _ 158
동안거 _ 241
동음집 _ 179
동중공부 _ 244
동화사 _ 39
등신불 _ 209
등펴기체위법 _ 255

ㄹ

라호르박물관 _ 32, 33

ㅁ

마가다왕국 _ 116, 228
마곡사 삼장보살도 _ 123
마니가사 _ 217
마두관음 _ 42, 120
마라난타 _ 168
마투라 _ 19

마하승기율 _ 225
마호 _ 238
막새기와 _ 72
만다라 _ 102, 209
만월 스님 _ 184
만해 한용운 _ 204
만행 _ 244, 250, 251
말라칸트 _ 163
망월사 _ 191
명 _ 210
명부 _ 45, 130, 162
명부사자 _ 237
명부전 _ 45, 64, 73, 107, 121,
　　　　 128, 130, 161, 177
명부중 _ 107, 108, 128
명왕 _ 28
모등 _ 154
목건련 _ 83
목련경 _ 130
목련존자 _ 129
목어 _ 25, 74, 140, 144, 145, 150
목우도 _ 101
목탁 _ 147, 148, 150
목패 _ 156
몽환가 _ 190
묘법연화경 _ 167
묘법연화경 변상도 _ 135
묘인연지곡 _ 175

묘탑 _ 83, 86, 88
무독귀왕 _ 45, 121, 124
무드라 _ 30
무량광 _ 113
무량광불 _ 36, 114
무량수 _ 113
무량수불 _ 36, 114
무량수전 _ 36, 114
무명 _ 209
무불시대 _ 121
무사체위법 _ 255
무상계 _ 200
무여의열반 _ 20
무위사 극락전 아미타후불벽화 _ 105
무위사 벽화 _ 106
무위사 아미타래영도 _ 115
무착 _ 50
문수동자상 _ 46
문수보살 _ 17, 31, 38, 42, 46, 108, 113
문수보살상 _ 46
문수사 아미타여래좌상 _ 36
미두 _ 238
미륵대성불경 _ 47
미륵리 석불입상 _ 40
미륵반가사유상 _ 48
미륵보살 _ 21, 40, 43, 47, 48

미륵보살상 _ 40, 47
미륵불 _ 28, 31, 40, 41, 73, 119, 124
미륵불화 _ 119
미륵사 터 _ 65, 78
미륵사지 _ 62, 63, 89
미륵사지 석탑 _ 78
미륵상생경 _ 40, 41
미륵여래 _ 30, 40, 108, 119
미륵전 _ 40, 73
미륵존자 _ 216
미륵하생경 _ 47
미륵하생경변상도 _ 119
미륵하생신앙 _ 47
미타전 _ 36
미타회상 _ 98, 100
민흘림 기둥 _ 69
밀적금강 _ 55

ㅂ

바깥채비 _ 188, 189
바깥채비소리 _ 186
바라 _ 140, 170, 179
바라밀합창단 _ 193
바라제목차 _ 246
바라춤 _ 170, 179

바루 _ 155, 224
바르사 _ 241
바르시카 _ 241
바르후트 _ 75
바르후트 대탑 _ 76
바리때 _ 155, 224
바지라 _ 148
박범훈 _ 193
반가사유상 _ 47, 48
반가좌 _ 121
반고서 _ 143
반승 _ 151
반야심경 _ 227
반야용선 _ 150
반영규 _ 193
반자 _ 146
반주삼매 _ 22
반짓소리 _ 189
반찬발우 _ 225
발 _ 210
발기자 _ 236
발다라 _ 155, 224
발대원지곡 _ 175
발우 _ 155, 224, 225, 226
발우공양 _ 156, 224, 226, 227
발우보 _ 225
발우수건 _ 225
방 _ 201

방부 _ 236
방부의례 _ 243
방선 _ 245
방어산 약사삼존불 _ 49
방위신 _ 55
방장 _ 236, 239, 249
방향 _ 177
방형 부도 _ 85
배흘림 기둥 _ 68, 69
백발가 _ 190
백사갈마 _ 249
백아상출상 _ 43
백용성 _ 180, 184
백운산 _ 184
백유경 _ 205
백의관음 _ 120
백이갈마 _ 248
백장선사 _ 236, 239
백장청규 _ 144
백저착의 _ 217
백파 _ 179
백팔번뇌 _ 204
백흥암 _ 158
백흥암 극락전 수미단 _ 157, 158
번 _ 25, 156, 160, 161
번당 _ 158
번수 _ 161
번신 _ 161

범계 _ 169
범망경 _ 235
범망경고적기 _ 251
범음 _ 187
범음구 _ 139, 148
범음종보 _ 179
범음집 _ 177
범종 _ 25, 74, 140, 141, 147, 174
범천 _ 34, 52, 53, 105
범패 _ 171, 172, 179, 180, 185, 186, 188
법고 _ 25, 74, 140, 143, 179
법고춤 _ 179
법공양 _ 227
법구 _ 138, 139, 140, 141, 147, 148, 149, 150, 151, 152, 161
법구경 _ 199
법등 _ 164
법륜 _ 76
법보 _ 83
법상 _ 156, 159, 160
법신 _ 38, 111, 113, 124
법신게 _ 200
법신사리 _ 163
법왕 _ 61
법왕사 _ 173
법원주림 _ 167

법음 _ 140
법정 스님 _ 210
법주 _ 188, 237
법주사 _ 40
법주사 쌍사자석등 _ 90
법주사 팔상전 _ 67, 77
법화경 _ 46, 108, 153, 199
법화경 보문품 _ 42
법흥왕 _ 168, 216
변상 _ 24, 133
변상도 _ 98, 100, 106
변화관음 _ 120
별좌 _ 238
별회심곡 _ 190
병법 _ 237
병존도 _ 99
보개 _ 79, 84, 158
보검 _ 56
보관 _ 28, 42, 43, 45, 46, 49, 113, 120
보광전 _ 73
보디사트바 _ 42
보륜 _ 75, 79, 84
보리수 _ 76
보림사 _ 38
보림사 보조선사창성탑비 _ 211
보림사 보조선사탑 _ 86
보명 _ 101

보문품게 _ 200
보발 _ 42
보법운지곡 _ 175
보병 _ 120
보살중 _ 108
보상화 _ 143
보신 _ 111, 113, 124
보요경 _ 167
보조국사 지눌 _ 227
보주 _ 38, 45, 79, 84, 88, 90, 93, 120, 121, 149
보청 _ 240
보탑 _ 78
보현보살 _ 17, 31, 38, 46, 47, 108, 113
보현보살도 _ 47
보현보살상 _ 46
보현행원송 _ 193
복갑 _ 56
복개천자 _ 216
복발 _ 79, 84
복발형 부도 _ 85, 86
복전 _ 164
복전의 _ 215
본말사법 _ 180
본분변상도 _ 116
본생담 _ 21, 98, 199
본생도 _ 98, 103

본초강목 _ 252
봄마지 _ 191
봉녕사 _ 235
봉림사 진경대사탑 _ 86
봉발게 _ 229
봉서암 감로탱 _ 176
봉은사 _ 173
봉은사 시왕도 _ 131
봉정사 극락전 _ 69
봉정사 대웅전 영산회상도 _ 105
부다가야 _ 75
부도 _ 54, 83, 84, 85, 87
부도전 _ 85
부모은중경 _ 181, 190
부모은중경 언해본 판경화 _ 135
부모은중경청 _ 189
부모은중송 _ 193
부목 _ 238
부방장 _ 236
부석사 _ 66
부석사 무량수전 _ 69, 70
부석사 석등 _ 89
부석사 조사당 _ 105
부연 _ 71
부전 _ 238
북지장사 지장보살도 _ 123
분단법 _ 102, 107
분신불 _ 108

분황사 모전석탑 _ 55, 80, 82, 164
분황사 모전석탑 공양품 _ 164
불감 _ 54, 156, 159, 160
불공견삭관음 _ 42, 120
불광법회 _ 193
불교 _ 183, 184
불교동요집 _ 192
불교문학 _ 197, 198, 199, 210
불교사 _ 181
불교성가집 _ 192
불교원종종무원 _ 181
불교유신운동 _ 183
불교유신회 _ 182
불교일요학교 _ 184
불교총본산 태고사 _ 181
불교합창단 _ 191
불구 _ 138, 156
불국사 _ 38
불국사 다보탑 _ 80, 81
불국사 비로자나불좌상 _ 39
불기 _ 158
불단 _ 23, 73, 78, 107, 150, 156, 157, 158, 161
불대좌 _ 160
불립문자 _ 200, 201
불명 _ 170
불물 _ 20

불발기집 _ 89, 90, 91
불보찬 _ 191
불빛창 _ 89
불사리 _ 162
불상조성설 _ 19
불신 _ 113
불신관 _ 20
불아 _ 163
불은상기계 _ 228
불의 _ 29
불이문 _ 242
불일지 _ 184
불자 _ 54
불전 _ 60, 73, 151, 239
불전도 _ 23, 24, 34, 98, 103
불족적 _ 76
불좌 _ 157
불탑공양 _ 20
브라만 _ 52
비구계 _ 218
비구니계 _ 218
비람강생상 _ 110, 111
비로자나 _ 111
비로자나 부처님 _ 38
비로자나불 _ 17, 28, 39, 46, 73, 111, 112, 113
비로자나불화 _ 111
비로자나삼신불 _ 124

비로자나삼신불상 _ 102
비로자나삼신불화 _ 111
비로자나여래 _ 30, 38, 108
비로자사삼신불회도 _ 102
비천 _ 85, 104
비천상 _ 143
비파 _ 127
비하라 _ 231
빈두로존자 _ 125
빔비사라 _ 116

ㅅ

사각형 석등 _ 89, 90
사경 _ 100, 106, 133, 134
사경화 _ 133, 134
사교반 _ 236
사교연주원문자수번 _ 161
사교입선 _ 233
사랑 _ 209
사르나트 _ 35
사르나트고고박물관 _ 34, 35
사리라 _ 162
사리불 _ 83, 108
사리영응기 _ 175
사리장엄 _ 162
사리장엄구 _ 139, 164

사리장치 _ 164
사문 _ 239
사문유관상 _ 111
사문팔창 _ 73
사물 _ 25, 140, 144, 145, 150
사미 · 사미니율의 _ 235, 245
사보 _ 140
사분비구 · 비구니율장 _ 235
사분율 _ 218, 220, 221, 225, 248, 249
사사자삼층석탑 _ 64
사산비명 _ 94
사이후쿠지(西福寺) _ 117
사자탱 _ 107
사적기 _ 210
사중 _ 227
사집반 _ 236
사찰령철폐운동 _ 183
사찰령폐지건 백서 _ 182
사천왕 _ 17, 52, 55, 56, 57, 58, 89, 108, 126
사천왕도 _ 105
사천왕상 _ 28, 55, 57, 58, 84, 149
사천왕탱 _ 127
사합발우 _ 225
사홍서원 _ 193
산감 _ 238

산신각 _ 17, 64, 73, 128
산신탱 _ 111, 128
산중공사 _ 249
산지가람 _ 65, 66
산철산림 _ 244
산치 _ 75
산치대탑 _ 61, 76
산화공덕 _ 169
산화락 _ 171
삼국유사 _ 47, 158, 163, 169, 198, 199, 206, 208, 216, 248
삼귀의 _ 193
삼당가람 _ 62
삼대육성 _ 128
삼도 _ 227
삼독심 _ 226
삼례 _ 170
삼륜 _ 226
삼매경 _ 251
삼보 _ 83, 151, 206, 226, 231
삼불회 _ 114, 119
삼불회도 _ 108, 111
삼신불 _ 17, 38, 124
삼신불화 _ 111
삼신탱 _ 105, 111
삼업 _ 191
삼의 _ 218

삼의일발 _ 25
삼장 _ 199
삼장보살 _ 121, 124
삼장보살도 _ 121, 124
삼장탱 _ 107
삼존도 _ 99
삼천불 _ 120
삼천불전 _ 120
삼탑삼당식 _ 62
상가람마 _ 60
상구보리하화중생 _ 233
상단축원화청 _ 189
상대 _ 29, 88, 142, 157, 158
상원사 문수동자상 _ 46
상원사 범종 _ 141
상원사 청량선원 _ 46
상행걸식 _ 223
생경 _ 205
생반게 _ 229
생자망우은 _ 181
생전예수재 _ 186
샤흐리바흐롤 _ 32
서 _ 203, 210
서봉암 감로탱 _ 176
서분변상도 _ 116
서산대사 진영 _ 132
서산마애불상 _ 35
서수 _ 104

서왕가 _ 190
서장 _ 236
서정주 _ 204
서조 _ 104
서진선사 _ 181
서창업 _ 193
석가모니불 _ 73, 108, 111, 112, 113, 121, 124
석가모니불상 _ 108
석가모니불화 _ 108, 111
석가세존 _ 230
석가여래 _ 30, 31, 38, 46, 52, 98, 100, 102, 108, 109, 111, 114, 116, 121, 190
석가여래삼존도 _ 47
석가여래상 _ 32, 35
석가여래후불화 _ 124
석굴암 _ 32
석굴암 범천 _ 53
석굴암 범천상 _ 54
석굴암 불상 _ 34
석굴암 사천왕 _ 58
석굴암 십일면관음보살상 _ 44
석굴암 십일면관음보살입상 _ 43
석굴암 인왕상 _ 55
석굴암 팔부중상 _ 58
석굴암 제석천 _ 53
석남암사 비로자나불 _ 38

석남암사 비로자나불좌상 _ 39
석당형 부도 _ 84
석두선사 _ 200
석등 _ 88, 89, 90, 154
석보상절 _ 208
석비 _ 92
석장 _ 45, 121, 125
석종형 부도 _ 84, 87
석탑형 부도 _ 84
선가 _ 233
선농불교 _ 184
선당 _ 232
선덕 _ 237
선덕여왕 _ 77, 216
선문규식 _ 239
선문요지 _ 184
선방 _ 232
선병 _ 221
선식 _ 221
선신 _ 58
선실 _ 233, 243
선암사 _ 143
선암사 화엄탱 _ 113
선요 _ 236
선운사 대웅전 후불벽화 _ 106
선운사 지장보살좌상 _ 45
선원 _ 228, 231, 232, 233, 239, 240, 253

선원장 스님 _ 227, 237
선원청규 _ 238
선정인 _ 31, 32
선종청규 _ 239
선지 _ 198
선집백연경 _ 205
선학원 _ 184
설 _ 210
설법도 _ 98, 99, 105, 116
설법의 _ 218
설법인 _ 31, 34, 113, 118
설산수도상 _ 111
설일체유부율 _ 218
설총 _ 252
성관음 _ 42, 120
성도가 _ 190
성문비구형 _ 121
성물 _ 138, 144
성반 _ 103, 129
성범 _ 169, 170
성전 _ 156
성주사 _ 64
성주사지 중앙삼층석탑 _ 82
세계기시가 _ 184, 191
세공사 _ 171
세종대왕 _ 174
세지보살 _ 114, 179
세친 _ 50

세탁부정은 _ 181
센오쿠하코칸(泉屋博古館) _ 122
소 _ 203, 210
소금춤 _ 179
소동경 _ 177
소로 _ 69
소목 _ 107
소수림왕 _ 62, 167
소식 _ 221
소심경 _ 156
소통 _ 150, 151
송경의식 _ 170
송광사 _ 64, 149, 235
송광사 국사전 _ 132
송광사 나한도 _ 125
송광율원 _ 235
송림사 오층전탑 _ 82, 159
송림사 전탑 사리구 _ 159
쇄수게 _ 153
쇠북 _ 140, 146, 147
수기 _ 119
수능엄삼매 _ 22
수덕사 _ 143
수덕사 대웅전 _ 69
수등 _ 154
수라도 _ 209
수륙재 _ 186
수막새 _ 72

수미단 _ 52, 55, 108, 157, 158
수박등 _ 154
수발계 _ 230
수월관음 _ 120
수월관음도 _ 121, 122
수인 _ 30, 31, 36, 38
수일식법 _ 223
수좌 _ 237
수키와 _ 72
수타사 법고 _ 144
수하항마상 _ 111
수행구 _ 139
순도 _ 167
숫타니파타 _ 200
스와트 _ 32
스투파 _ 18, 75
습의 _ 235
승가갈마 _ 248
승가람 _ 23, 231
승가람마 _ 60
승가리 _ 218
승당 _ 239
승무 _ 204
승보 _ 83
승비 _ 92, 211
승사 _ 206
승사리 _ 162
승원 _ 23, 60, 242

승의 _ 218
승의제도 _ 217
승전 _ 207
승탑 _ 58, 68, 83, 84, 90
시계 _ 203
시공사금구 _ 147
시두말대성 _ 119
시무외여원인 _ 31, 34, 35
시무외인 _ 34, 118
시식수인 _ 229
시왕 _ 64, 107, 126, 130
시왕도 _ 103, 130
시왕상 _ 107
시왕전 _ 45, 73
시왕지옥가 _ 190
시왕탱 _ 107
시의 _ 217
시자 _ 238
시크리 _ 33
식경 _ 252
식당작법 _ 225
신간산보범음집 _ 179
신골 _ 75, 162
신노인(親王院) _ 119
신농씨 _ 252
신륵사 보제존자 사리탑 _ 87
신문왕 _ 252
신불가 _ 181, 190

신불교운동 _ 191
신세동 전탑 _ 80, 82
신장 _ 52, 85
신장상 _ 28
신중 _ 52, 96, 99, 107, 108, 125, 126, 149
신중단 _ 17, 107
신중도 _ 24
신중탱 _ 107, 126
신중 탱화 _ 17, 54
신흥사 대광전 아미타여래도 _ 106
심우도 _ 100, 101
심초석 _ 163
심춘순례 _ 204
십념불 _ 228
십송율 _ 218
십우도 _ 100, 101
십육나한 _ 124
십육나한도 _ 124, 125
십이분교 _ 199
십이신장 _ 118
십일면관음 _ 42, 120
십일면관음보살 _ 43
쌍계사 _ 171
쌍계사 괘불 _ 103
쌍계사 진감선사대공탑비 _ 94
쌍계사 진감선사대공탑비문

_ 94, 171
쌍림열반상 _ 111
쌍봉사 대웅전 _ 77
쌍봉사 철감선사탑 _ 86
쌍사자 석등 _ 89, 90
쌍탑가람 _ 64

ㅇ

아귀 _ 228
아귀도 _ 129
아귀상 _ 179
아난 _ 217
아난존자 _ 50, 99
아도 _ 167
아라한 _ 50
아라한과 _ 50, 124
아란야 _ 231
아마라바티 _ 75
아미타경 _ 167
아미타구존도 _ 114
아미타구존래영도 _ 116
아미타극락회상도 _ 114
아미타독존도 _ 114
아미타래영도 _ 103, 105, 114, 116
아미타바 붓다 _ 36
아미타불 _ 28, 73, 114, 116

아미타불화 _ 113, 114
아미타사상 _ 116
아미타삼존도 _ 114
아미타삼존래영도 _ 116
아미타성중래영도 _ 116
아미타여래 _ 17, 30, 31, 36, 98,
　　　　　 100, 102, 108, 109,
　　　　　 111, 113, 114, 116,
　　　　　 121, 129, 179
아미타여래구품인 _ 36, 37
아미타여래상 _ 36
아미타유스 붓다 _ 36
아미타전 _ 73, 114
아미타정인 _ 36
아바로키테슈바라 _ 43
아사세태자 _ 116
아쇼카 왕 _ 75
아수라 _ 149
아잔타석굴 _ 97
아하라 _ 220
아함경 _ 167
아형 금강역사 _ 54, 55
안상 _ 29, 84, 88, 93
안악 3호분 벽화 _ 158
안압지 _ 34
안채비 _ 188
안채비소리 _ 186
안타회 _ 218

암막새 _ 72
암키와 _ 71
앙련 _ 29, 88
앙홍자지곡 _ 175
앙화 _ 79
약사 12대원 _ 37
약사 12신장 _ 37
약사불 _ 28
약사불화 _ 116
약사불회도 _ 118
약사삼존도 _ 106, 118
약사여래 _ 17, 30, 31, 37, 38, 48,
　　　　　 98, 100, 108, 109, 111,
　　　　　 116, 118
약사여래도 _ 119
약사여래본원공덕경 _ 38, 48
약사여래상 _ 37, 38
약사유리광세계 _ 37, 100
약사유리광여래설법도 _ 117
약사전 _ 37, 119
약사탱 _ 105
약사회상 _ 98, 100
약사회탱 _ 117, 118
약식공사 _ 249
약합 _ 128
양류관음 _ 120
어린이 찬불가 _ 192
어산 _ 187

어시발우 _ 225, 229
어탁 _ 150
업경대 _ 161, 162
업설 _ 128
업저울 _ 162
업칭 _ 162
여래상 _ 28, 30, 32, 35, 42
여의(보)주 _ 93
여의륜관음 _ 42, 120
연감로지국 _ 175
연등회 _ 173
연화좌 _ 108, 150, 162, 255
열반가 _ 190
열반경 _ 167
열반송 _ 200
염거화상탑 _ 85, 86
영가 _ 107, 177
영가단 _ 107
영가천도의식 _ 179
영단 _ 107
영락 _ 46
영산율원 _ 235
영산재 _ 171, 174, 177, 186, 187
영산전 _ 108, 111
영산회상 _ 98, 100
영산회상도 _ 102, 108, 109, 113, 114
영암사 _ 66

영암사지 쌍사자석등 _ 90
영취산 _ 100, 108
예복사 _ 161
예참 _ 235
오공양게 _ 151
오관게 _ 229
오도송 _ 200
오백나한 _ 50
오백나한도 _ 124
오상순 _ 204
오신채 _ 221, 251
오존도 _ 99
오체투지 _ 21
옥개 _ 85
와선 _ 243, 244
왕건 _ 172
왕륜사 _ 173
왕사 _ 83
왕생가 _ 185, 190
외목도리 _ 71
외호신중 _ 52
요가 _ 253, 255
요령 _ 147, 149, 179
요사채 _ 60, 74
욕두 _ 238
용문사 산신탱 _ 128
용상방 _ 236
용선 _ 116

용선래영도 _ 116
용화수 _ 40, 41, 119
용화전 _ 40
우란분경 _ 129, 130
우란분경변상도 _ 129
우란분재 _ 129
우안거 _ 241
우요삼잡 _ 21, 61
우전왕 _ 19
우주 _ 79
운문사 사리암 _ 50
운수납자 _ 251
운수행 _ 251
운심게 _ 151
운심공양 _ 151
운심공양진언 _ 151
운주사 _ 64
운판 _ 25, 74, 140, 145, 146, 147
운하어차경게 _ 170
운형금속판 _ 145
울다라승 _ 218
원각경 _ 236
원두 _ 238
원만보신노사나불 _ 226
원상 _ 101
원성 스님 _ 210
원주 _ 238
원통전 _ 73, 121

원통형 기둥 _ 69
원행억념은 _ 181
원형등 _ 154
원효 _ 50, 170, 217
원효대사 _ 208
월광변조보살 _ 48
월광보살 _ 37, 48, 118, 128
월명 스님 _ 169
월정 _ 48
월정사성보박물관 _ 135, 149, 155
위제휘 _ 116
위조악업은 _ 181
유곽 _ 143
유나 _ 237, 240
유두 _ 143
유리보전 _ 37
유마거사 _ 239
유마경 _ 222
유성출가상 _ 111
유정 _ 209
유정 스님 _ 216
유치성 _ 189
유포양육은 _ 181
육각형 석등 _ 89
육갑화청 _ 189
육계 _ 29
육도윤회 _ 44, 121, 179
육도집경 _ 205

육법공양 _ 219
율사 _ 217, 235
율원 _ 228, 231, 233, 234
율장 _ 233, 235
율주 스님 _ 235
율학 _ 233, 1235
융선도지곡 _ 175
은고 _ 146
은등면 _ 181
응공 _ 50, 124
응기 _ 224
응량기 _ 224
응신 _ 111
응진 _ 50
응진전 _ 108, 111, 125
의상 _ 50, 163
의식구 _ 139, 148
의식단 _ 104, 107
의식법구 _ 25, 139, 140, 143, 148
의장구 _ 139
의정혜지곡 _ 175
의좌상 _ 132
이광수 _ 204, 208, 209
이규보 _ 252, 253
이발 _ 225
이불란사 _ 62
이차돈 _ 168, 208
이차돈의 사 _ 208

이찬우 _ 192
이타행 _ 20, 28
이형 석등 _ 154
익산 미륵사지 _ 62, 63
인계 _ 30
인고토감은 _ 181
인곡화상 _ 191
인도소리 _ 187
인드라 _ 52
인로왕보살 _ 116, 179
인왕 _ 54
인왕상 _ 54, 55
일관 _ 169
일광변조보살 _ 49
일광보살 _ 37, 48, 118, 128
일본유학생파견단 _ 182
일요보살 _ 49
일원상 _ 101
일월도자수 홍가사 _ 217
일일강의식 _ 170
일주향 _ 243
일체공경경례상주삼보 _ 170
일탑삼당식 _ 62
일탑일당식 _ 62
임산수고은 _ 181
임종게 _ 200
입능가경 _ 221
입당구법순례행기 _ 169, 170

입사기법 _ 153
입산가 _ 184
입승 _ 237, 243, 244, 245
입왕궁의 _ 218
입취락법 _ 251

ㅈ

자각각타 _ 233
자각대사 원인 _ 170
자상 _ 217
자씨보살 _ 47
자씨전 _ 40
자영 _ 148
자의 _ 217
자자 _ 242, 247, 248
자장율사 _ 50, 158, 163, 216, 217, 243
자장정율 _ 158
자책가 _ 190
작법 _ 180, 186
작법귀감 _ 179
잡보장경 _ 205
장경고 _ 74
장곡사 약사여래좌상 _ 38
장군죽비 _ 243
장명등 _ 88

장삼 _ 218
장엄구 _ 25, 139, 156, 158
장엄염불 _ 171
장엄용 불화 _ 104
장조 _ 219
장판 _ 145
장황 _ 98
재단 _ 179
재식 _ 237
재의식 _ 167
재죽 _ 144
재판 _ 145
쟁기체위법 _ 255
적광전 _ 73
적산원 _ 170
전각 _ 102, 105
전륜성왕 _ 28, 47, 120
전발게 _ 228
전법게 _ 200
전법도생 _ 233
전법륜인 _ 34
전법륜인상 _ 35
전생도 _ 23, 24
절수게 _ 230
절요 _ 236
정동발 _ 177
정두 _ 238
정림사지 오층석탑 _ 78

정민섭 _ 192
정병 _ 30, 43, 54, 153
정사 _ 231
정운문 _ 191, 193
정토삼부경 _ 116, 174
정혜사지 십삼층석탑 _ 80, 81
제문 _ 203, 210
제불보살 _ 17, 21
제석천 _ 43, 52, 53, 55, 149
제석천도 _ 105
제액 _ 93
조계종 _ 193, 218, 232
조사 _ 51
조사당 _ 74, 132
조사도 _ 24, 99
조사상 _ 28, 50, 51
조사어록 _ 235
조사전 _ 51
조선불교선교양종승려대회 _ 183
조선불교중앙교무원 _ 181
조선불교청년회 _ 182
조선불교총동맹 _ 182
조신 _ 208
조실 스님 _ 227, 236
조정래 _ 209
조지훈 _ 204
조탑동 오층전탑 _ 82
조학유 _ 180, 182, 184, 191

색인 • 273

존상도 _ 98, 99
종고리 _ 141
종구 _ 143
종도리 _ 71, 72
종루 _ 63, 74, 144, 146
종신 _ 149
종요 _ 239
종정 _ 218
좌대 _ 157
좌선 _ 232, 233, 243, 244, 245
좌선당 _ 231
좌선삼매 _ 244
좌선행법 _ 243
좌차 _ 244
주도리 _ 72
주두 _ 69
주련 _ 243
주선 _ 243, 244
주심도리 _ 71
주심포식 _ 69, 70, 71
주악비천상 _ 143
주지 _ 237, 241
주쿠지(中宮寺) _ 47
주형 석등 _ 89
죽간자 _ 177
죽림정사 _ 60
준제관음 _ 43, 120
중강자 _ 236

중대 _ 29, 88, 157
중대 사자암 비로자나불좌상 _ 39
중도리 _ 71, 72
중생기시가 _ 184, 191
중생상속가 _ 184
중앙불교전문학교 _ 182
중품하생인 _ 36
중흥산성 쌍사자석등 _ 90
증일아함경 _ 19, 220
지객 _ 238
지권인 _ 39, 113
지물 _ 30, 58, 121, 127, 153
지옥상 _ 179
지온인(知恩院) _ 121
지장보살 _ 17, 28, 36, 42, 45, 114, 121, 124
지장보살도 _ 121, 130
지장보살상 _ 45, 130
지장보살예찬문 _ 45
지장삼존 _ 161
지장삼존상 _ 107
지장전 _ 45, 73, 177
지장축원화청 _ 189
지장탱 _ 107
지지보살 _ 121, 124
직지사 삼불회도 _ 109
직지인심 _ 233
진감선사 _ 171

진감선사대공탑비문 _ 169
진신 _ 38, 111
진언종풍산대학 _ 182
진영 _ 96, 99, 132
진영각 _ 132
진전사지 도의선사 부도 _ 86
진전사지 부도 _ 86
진종 _ 183
짓소리 _ 189
징쇠 _ 147

ㅊ

차득공 _ 217
차이티야 _ 231
차제걸식 _ 223
착어성 _ 189
찬 _ 210
찬미타 _ 175
찬법신 _ 175
찬보신 _ 175
찬불가 _ 180, 182, 183, 184, 185, 186, 191, 192, 193, 194
찬삼승 _ 175
찬약사 _ 175
찬팔부 _ 175
찬화신 _ 175

찰중 _ 237
참선곡 _ 190
참선요가 _ 253, 254, 255
창방 _ 68, 70, 72
창호 _ 67, 72, 73
채공 _ 238
체세간여허공게 _ 170
천개 _ 156, 158, 159
천관 _ 41
천광관음 _ 44
천부 _ 28
천부신장상 _ 52
천불도 _ 120
천불전 _ 73, 120
천불탱 _ 120
천비관음 _ 44
천비천안관세음 _ 44
천설천족천비관음자재 _ 44
천수경 _ 44
천수관음 _ 42, 120
천수물 _ 228, 230
천수천안관세음 _ 44
천수천안관세음보살 _ 44
천수통 _ 229
천안관음 _ 44
천왕문 _ 17, 55, 66, 127
천은사 극락회상도 _ 115
천의 _ 28, 42, 46, 56

천이백나한 _ 50
천장보살 _ 124
천지인 _ 31
천태산 _ 125
천판 _ 142
철견 _ 233
철박판 _ 177
철발 _ 225
첨차 _ 69
청규 _ 224, 238
청룡사 석등 _ 91
청사성 _ 189
청수발우 _ 225
청정대해중 _ 238
초문사 _ 62
초전법륜 _ 34
촉원성 _ 189
총림 _ 236, 238, 239
최남선 _ 204
최영철 _ 193
최치원 _ 94, 252
추월성 _ 192
축문 _ 210
축원화청 _ 189, 190
치문반 _ 236
치성광여래 _ 48, 128
칠보 _ 46, 164
칠성 _ 126, 190

칠성각 _ 17, 64, 73, 127
칠성신 _ 52, 64
칠성탱 _ 127
칠존도 _ 99
칠처구회도 _ 113
침류왕 _ 167

ㅋ

카라치국립박물관 _ 163
카필라국 _ 30, 31, 75
고류지(廣隆寺) _ 47
고류지 반가사유상 _ 48

ㅌ

탁발 _ 155, 220, 222, 223, 232, 242
탁실라박물관 _ 34
탄생불 _ 31
탑명 _ 203
탑문 _ 60, 76
탑비 _ 83
탑상 _ 138
태고종 _ 186
태자사 낭공대사비문 _ 94

태징 _ 179, 189
태화사지 십이지상부도 _ 85
탱화 _ 78, 104, 105, 107, 157
토벽화 _ 105
토속신 _ 52, 125, 126
토쇼다이지(唐招提寺) 천수천안관
세음보살상 _ 44
통도사 감로왕도 _ 129
통도사 금강계단 _ 163
통도사성보박물관 _ 148, 149, 151, 152
통도사 약사회탱 _ 118
통도사 영산전 보탑도 _ 105
통도사 용화전 미륵여래탱 _ 119
통도사 팔상도 _ 110
통도사 향완 _ 152
통문 _ 219
통인 _ 35
퇴수물 _ 228
투우파 _ 75
퉁소 _ 177
특경 _ 177
특수형 석탑 _ 80, 82
특종 _ 177

ㅍ

파계사 _ 235
파다가 _ 160
파라암 _ 209
파련대공 _ 72
파사 _ 187
파타카 _ 160
판경 _ 100, 106
판경화 _ 133, 134
판관 _ 107
판종 _ 145
팔각기둥형 석등 _ 89
팔각석등 _ 154
팔각원당형 부도 _ 85, 86, 87
팔대보살 _ 116
팔리율 _ 218
팔만사천탑 _ 75
팔부중 _ 52, 58, 108
팔부중상 _ 52, 58, 108
팔상도 _ 103, 111
팔상전 _ 73, 108, 111
팔상화청 _ 189
패익 _ 187
페샤와르박물관 _ 32
편계성 _ 189
편경 _ 177
편삼 _ 217
편종 _ 177

평방 _ 70, 72
평양 청암리사지 _ 62
평염불 _ 189
평지가람 _ 65
포교사대회 _ 183
포구의 달 _ 209
포뢰 _ 143
포살 _ 218, 246, 247, 248
포살당 _ 60
포의 _ 217
포행 _ 244, 245, 246
피방포 _ 216
핀다파타 _ 222

ㅎ

하안거 _ 241
한국불교개혁론 _ 181
한승원 _ 209
한암 스님 _ 155, 217
할 _ 201
항룡발 _ 224
항마촉지인 _ 31, 32, 38, 108, 113
해인사 _ 182, 235
해인사 극락암 _ 184
해인사 명부전 _ 162
해인사 삼신탱 _ 112

해인사 희랑조사상 _ 51
해인삼매 _ 22
해인율원 _ 235
해제 _ 251
해제산림 _ 244
해탈복 _ 215
행도의식 _ 147
행법 _ 255
행복의 문 _ 192
행선 _ 243, 244, 250
행선법 _ 244
행장 _ 203, 210
향로 _ 29, 152, 158
헌다의식 _ 154
헌식 _ 237
헌식기 _ 229
헌식대 _ 230, 237
현각 스님 _ 210
현개 _ 158
현등 _ 154
현우경 _ 146, 205
현장 _ 50
현화사 석등 _ 91
협시보살 _ 30, 31, 36, 46, 111, 113, 114, 118, 121
협시상 _ 42
혜명 _ 234, 243
호림박물관 _ 31

호법신 _ 52, 55, 126, 127
호세신 _ 55
호암미술관 _ 176
홋소리 _ 189
홍원기 _ 193
화개 _ 158
화과원 _ 184
화두 _ 201, 208, 244
화만 _ 161
화병 _ 152, 153, 158
화불 _ 29, 43, 120
화신 _ 111, 113
화신불 _ 124
화엄경 _ 46, 199, 209, 236
화엄경변상도 _ 113
화엄사 _ 64, 66
화엄사 각황전 _ 67
화엄사 사사자삼층석탑 _ 80, 81
화엄사 칠성탱 _ 127
화엄전 _ 113
화엄종 _ 111
화엄탱 _ 113
화왕계 _ 252
화청 _ 186, 188, 189
화타 _ 252
황룡사 구층목탑 _ 77
황룡사지 _ 62
황룡사탑 _ 163

황룡사 터 _ 65
황상 _ 217
회건취습은 _ 181
회상 _ 100
회상도 _ 99
회심곡 _ 189, 190
회암사지 석등 _ 91
회탐수호은 _ 181, 182
회향사 _ 170
효봉선사 _ 210
후불탱 _ 105, 107
후불탱화 _ 24, 73, 102
후불화 _ 108, 111
훔형 금강역사 _ 54, 55
흑장삼 _ 216
흥국사 _ 173
흥륜사 _ 47
희명자 _ 175, 177

참고문헌

불교미술

정각 스님 • 『가람 절을 찾아서』 • 운주사 • 1991 초판(1998년 중판)

김현준 • 『사찰 그 속에 깃든 의미』 • 효림 • 1997

허균 • 『사찰 장식 그 빛나는 상징의 세계』 • 돌베개 • 2000

고유섭 • 『조선탑파의 연구』 • 을유문화사, 1948 • 동화출판사, 1985

김희경 • 『탑』 • 열화당 • 1982

박경식 • 『우리나라의 석탑』 • 역민사 • 1999

정영호 • 『석탑』 • 대원사 • 1989 • 문고판

장충식 • 『한국의 탑』 • 일지사 • 1989

정영호 • 『신라석조부도연구』 • 신흥출판사 • 1974

정영호 • 『부도』 • 대원사 • 1990

신대현 • 『적멸의 궁전 사리장엄』 • 한길아트 • 2003

신대현 • 『한국의 사리장엄』 • 혜안 • 2003

강우방 • 『원융과 조화 – 한국고대조각사의 원리』 • 열화당 • 1990

강우방 • 『법공과 장엄-한국고대조각사의 원리 Ⅱ』 • 열화당 • 2000

고명석, 고광영 • 『100문 100답-불·보살·신중편』 상·하 • 대원정사 • 1998

김리나 • 『한국고대 불교조각사 연구』 • 일조각 • 1989

다카다 오사무 저, 이숙희 역 • 『불상의 탄생』 • 도서출판 예경 • 1994

문명대 • 『한국조각사』 • 열화당 • 1980

문명대 • 『한국불교미술의 형식』 • 한국언론간행회 • 1997

문명대 • 『한국불교미술사』 • 한국언론간행회 • 1997

진홍섭 • 『한국의 불상』 • 일지사 • 1976

최완수 • 『불상연구』 • 지식산업사 • 1984

최완수 • 『한국불상의 원류를 찾아서 1』 • 대원사 • 2002

황수영 • 『한국불상의 연구』 • 삼화출판사 • 1973

황수영 · 『한국의 불상』 · 문예출판사 · 1989

문명대 · 『한국의 불화』 · 열화당 · 1979

홍윤식, 윤열수 · 『불화』 · 대원사 · 1989

홍윤식 · 『고려불화의 연구』 · 동화출판사 · 1984

문명대 · 『고려 불화』 · 열화당 · 1991

홍윤식 · 『한국불화의 연구』 · 원광대학교 출판부 · 1980

윤열수 · 『괘불』 · 대원사 · 1990

김영주 · 『조선시대 불화 연구』 · 지식산업사 · 1986

이기선 · 『지옥도』 · 대원사 · 1992

홍윤식 · 『한국의 불교미술』 · 대원정사 · 1986

김정희 · 『조선시대 지장시왕도 연구』 · 일지사 · 1996

이동주 감수 · 『고려불화 한국의 미 7』 · 중앙일보사 · 1981

문명대 감수 · 『조선불화 한국의 미 16』 · 중앙일보사 · 1984

문명대 감수 · 『불교회화 한국불교미술대전 2』 · 한국색채문화사 · 1994

성보문화재연구원 · 『한국의 불화』시리즈

강우방, 김승희 · 『감로탱』 · 예경 · 1995

이호관 · 『범종』 · 대원사 · 1989

염영하 · 『한국의 종』 · 서울대출판부 · 1991

정명호 · 『한국 석등 양식 연구』 · 민족문화사 · 1994

불교음악

일연 저, 최호 역 • 『삼국유사』 • 홍신출판사 • 1991

김종서 외 • 『고려사』

찬녕 • 『송고승전』

『불교』(28号~41号) • 1926~1927

龍城震鍾 • 『용성대종사전집』 • 대각회 대각출판부 • 1987

『대정신수대장경』 • 대정신수대장경간행회 • 1924~1928

『동양 불교성악과 문화』 • 국립국악원 • 1999

김응기(법현) • 『영산재연구』 • 운주사 • 1997

김광식 • 『한국근대불교사연구』 • 민족사 • 1996

이능화 저, 윤재영 역 • 『조선불교통사』 하 • 박영사 • 1980

백용성 • 『대각교의식』 • 대각교중앙본부 • 1927

菊竹淳一, 정우택 편 • 『고려시대의 불화』 • 시공사 • 1995

안진호 • 『석문의범』 • 법륜사 • 1931

한만영 • 『한국불교음악연구』 • 서울대학교출판부 • 1980

한보광 • 『용성선사연구』 • 감로당 • 1981

강우방, 김승희 • 『감로탱』 • 예경 • 1995

홍윤식 • 『한국의 불교미술』 • 대원정사 • 1986

박범훈 • 『한국불교음악사연구』 • 2000.

권상로 • 『은둥던』 • 조선불교중앙교무원 • 1925

김영태 • 『한국불교사개설』 • 경서원 • 1986

김정묵 • 『찬불가』 • 정선포교당 • 1948

김흥우 • 『불교전통의례와 그 연극 · 연희화의 연구』 • 엠에드 • 1999

목정배 • 『삼국시대의 불교』 • 동국대학교출판부 • 1989

문명대 • 『한국의 불화』 • 열화당 • 1977

문명대 • 『한국불교미술사』• 한국언론간행회 • 1997

불교신문사 편 • 『한국불교인물사상사』• 민족사 • 1990.

이능화 저, 윤재영 역 • 『조선불교통사』下 • 박영사 • 1980

장사훈 • 『한국악기대관』• 한국국악학회 • 1969

河名識雄, 龍田秀圓 • 『讚佛歌』• 興敎書院 • 1916

關野貞 • 『朝鮮의 建築과 藝術』• 岩波書店 • 1941

野村良雄 • 『世界宗敎音樂史』• 春秋社 • 1967

圓仁 著, 足立喜六 譯, 塩入良道 補注 • 『入唐求法巡礼行記1』• 平凡社 • 1970

渡邊哲也 • 『韓國的佛畵:甘露幢畵』• 螢雪出版社 • 1975

江田俊雄 • 『朝鮮佛敎史의 硏究』• 國書刊行會 • 1977

山崎昭見 • 『佛敎音樂』제9호 • 音樂之友社 • 1983

石田瑞麿 • 『민중경전』불교경전選 12 • 1986

大山公淳 • 『불교음악과 성명』• 東方出版社 • 1989

菊竹淳一, 吉田宏志 • 『世界美術大全集』「東洋編」제11권 • 小學館 • 1999

불교문학

혜초 · 『왕오천축국전』 · 신라

최치원 · 『사산비명』 · 통일신라

혁련정 · 『균여전』 · 고려

운묵 · 『석가여래행전송』 · 고려

일연 · 『삼국유사』 · 고려

요원 · 『법화영험전』 · 고려

각훈 · 『해동고승전』 · 고려

천책 · 『호산록』 · 고려

김영배 편저 · 『석보상절』 상·하 / 『불교신서』 · 동국대불전간행위원회 · 1986

안계현 · 『한국불교사상사연구』 · 동국대출판부 · 1983

이동림 · 『주해 석보상절』 · 동국대출판부 · 1959

김성배 · 『한국불교가요의 연구』 · 아세아문화사 · 1973

사재동 · 『불교계 국문소설의 형성과정 연구』 · 아세아문화사 · 1977

사재동 · 『한국서사문학사의 연구』 · 중앙문화사 · 1995

김기동 · 『조선불교소설선』 · 동국대 불전간행위원회 · 1979

김기동 · 『국문학상의 불교사상연구』 · 아세아문화사 · 1973

김영태 · 『신라불교연구』 · 민족문화사 · 1987

김운학 · 『불교문학의 이론』 · 일지사 · 1981

이상보 · 『한국불교가사전집』 · 집문당 · 1980

이형기 외 · 『불교문학이란 무엇인가』 · 동화출판공사 · 1991

이상보 외 · 『불교문학연구입문』(율문, 언어편) · 동화출판공사 · 1991

홍윤식 외 · 『불교문학연구입문』(산문, 민속편) · 동화출판공사 · 1991

박상률 · 『불교문학평론선』 · 민족사 · 1990

김승호 · 『한국승전문학의 연구』 · 민족사 · 1992

김승호 • 『한국사서사문학사론』• 국학자료원 • 1997

안계현 • 『한국불교사상사연구』• 동국대출판부 • 1983

유한근 • 『현대불교문학이론』• 종로서적 • 1984

이종찬 • 『한국의 선시』• 이우출판사 • 1985

이종찬 • 『조선고승한시선』• 동국대불전강행위원회

인권환 • 『고려시대 불교시의 연구』• 고려대 민족문화연구소 • 1983

인권환 • 『한국불교문학연구』• 고려대출판부 • 1999

임기중 • 『불교가사원전연구』• 동국대출판부 • 2000

장휘옥 • 『해동고승전의 연구』• 민족사 • 1991

진윤길, 일지 • 『중국문학과 선』• 민족사 • 1992

한만영 • 『한국불교음악연구』• 서울대출판부 • 1984

한정섭 • 『불교설화문학연구』• 법륜사 • 1978

홍기삼 • 『향가설화연구』• 민음사 • 1997

황패강 • 『신라불교설화연구』• 일지사 • 1976

한국불교어문학회 • 『불교어문론집』1 · 2 · 3호

집필위원

김승호 | 동국대학교 국어교육과 교수
김창균 | 문화재청 상임문화재 전문위원
박도화 | 성보보존위원회 전문위원
이미향 | 일본 류코쿠대학교 강사
소재구 | 국립고궁박물관장
유근자 | 동국대학교 강사
진광 스님 | 운문사 강사

불교문화

발행일 | 1판 1쇄 2005년 1월 10일
　　　　1판 20쇄 2025년 3월 10일

엮은이 | 대한불교조계종 포교원 포교연구실
발행인 | 원명
펴낸곳 | (주)조계종출판사

출판등록 | 제2007-000078호(2007. 4. 27)
주　　소 | 서울시 종로구 삼봉로 81 두산위브파빌리온 1308호
전　　화 | 02·720·6107
팩　　스 | 02·733·6708
구입문의 | 불교전문서점 향전(www.jbbook.co.kr) 02-2031-2070

ⓒ 대한불교조계종 포교원, 2005
ISBN 978-89-86821-32-X 03220

값 12,000원

※ 잘못된 도서는 교환해 드립니다.
※ 저작권법에 의하여 보호를 받는 저작물이므로 무단으로 복사, 전재하거나 변형하여 사용할 수 없습니다.
※ 조계종출판사의 수익금 전액은 포교·교육 기금으로 활용됩니다.

종단본

부처님의 생애 • 양장
　　　　대한불교조계종 교육원 부처님의 생애 편찬위원회 집필 | 150×218mm | 472쪽 | 2010.01.22 | 24,000원

부처님의 생애 • 보급판
　　　　대한불교조계종 교육원 부처님의 생애 편찬위원회 집필 | 129×190mm | 400쪽 | 2010.05.02 | 12,000원

조계종 표준 금강반야바라밀경

조계종 표준 금강반야바라밀경 _ 독송본
　　　　대한불교조계종 교육원 편역 | 188×256mm | 96쪽 | 2009.01.30 | 5,000원

조계종 표준 금강반야바라밀경 _ 주석본
　　　　대한불교조계종 교육원 편역 | 188×256mm | 108쪽 | 2009.01.20 | 9,000원

조계종 표준 금강반야바라밀경 _ 한글 사경본
　　　　대한불교조계종 교육원 편역 | 188×256mm | 96쪽 | 2009.03.31 | 4,000원

조계종 표준 금강반야바라밀경 _ 한문 사경본
　　　　대한불교조계종 교육원 편역 | 188×256mm | 96쪽 | 2009.03.31 | 4,000원

조계종 표준 금강반야바라밀경 _ 포켓용
　　　　대한불교조계종 교육원 편역 | 88×135mm | 124쪽 | 2009.03.30 | 4,000원

조계종 표준 금강반야바라밀경 _ 세트
　　　　독송본 · 주석본 · 한글 사경본 · 한문 사경본 · 포켓용 | 2009.05.25 | 25,000원

조계종 표준 한글 천수경

조계종 표준 한글 천수경 _ 독송본
　　　　대한불교조계종 의례위원회 편역 | 188×256mm | 64쪽 | 2014.02.10 | 3,500원

조계종 표준 한글 천수경 _ 사경본
　　　　대한불교조계종 의례위원회 편역 | 188×256mm | 120쪽 | 2014.04.17 | 4,000원

불교경전

조계종 표준 금강경 바로 읽기　　　　지안 강설 | 150×218mm | 364쪽 | 2010.03.05 | 18,000원

처음처럼 _ 좀불서시리즈 01　　　　지안 강설 | 145×210mm 양장 | 180쪽 | 2009.07.10 | 10,800원

마음속 부처 찾기 _ 좀불서시리즈 02　　　　지안 강설 | 145×210mm 양장 | 352쪽 | 2011.03.11 | 18,000원

무비 스님의 예불문　　　　무비 강설 | 152×214mm | 136쪽 | 2005.09.15 | 8,000원

무비 스님의 반야심경　　　　무비 강설 | 152×214mm | 160쪽 | 2005.09.15 | 9,000원

무비 스님의 천수경　　　　무비 강설 | 152×214mm | 176쪽 | 2005.09.15 | 10,000원

무비 스님의 신심명 강의　　　　무비 강설 | 152×214mm | 176쪽 | 2007.03.02 | 9,000원

무비 스님의 증도가 강의　　　　무비 강설 | 150×220mm | 400쪽 | 2014.06.17 | 20,000원

무비 스님의 발심수행장 강의　　　　무비 강설 | 150×220mm | 128쪽 | 2015.03.13 | 10,000원